CRISTIANE PEIXOTO

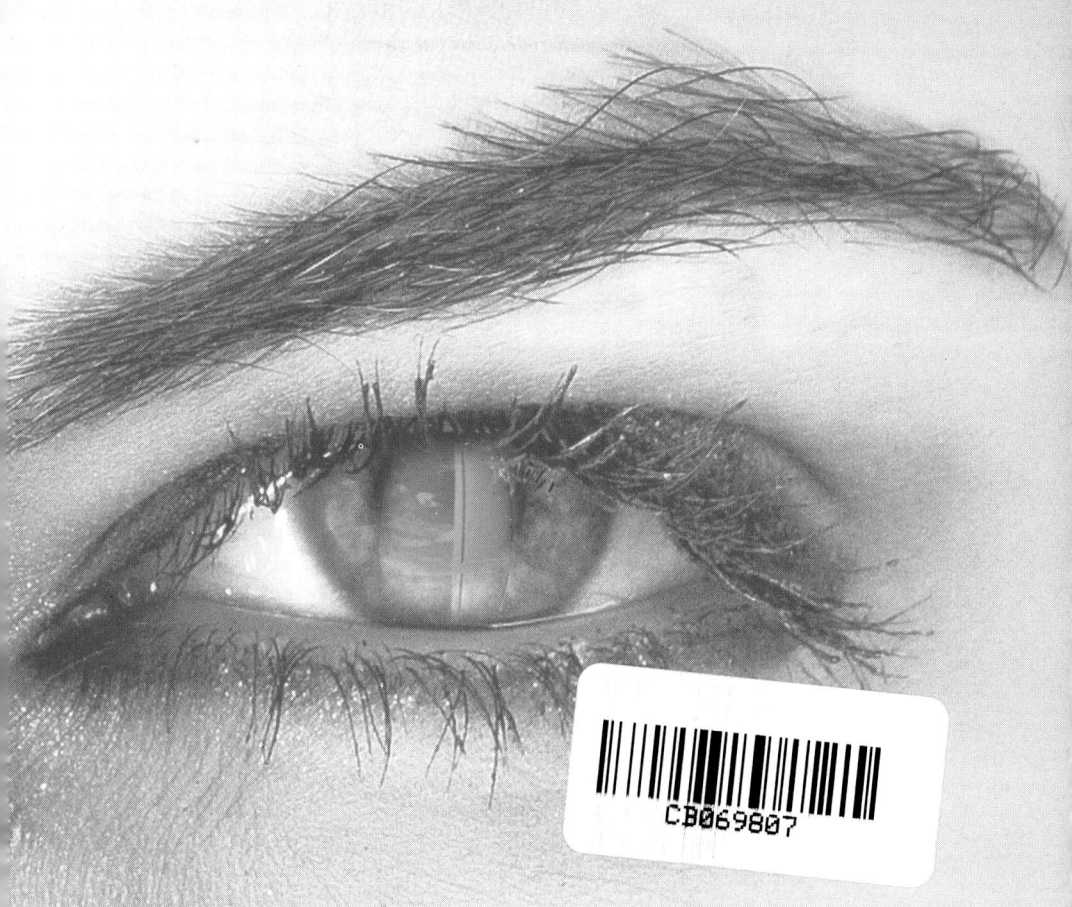

A PORTA SECRETA DO AMOR

Copyright© 2017 by Literare Books International
Todos os direitos desta edição são reservados à Literare Books International.

Presidente:
Mauricio Sita

Capa, diagramação e projeto gráfico:
David Guimarães

Revisão:
Barbara Cabral Parente

Gerente de projetos:
Gleide Santos

Diretora de operações:
Alessandra Ksenhuck

Diretora executiva:
Julyana Rosa

Relacionamento com o cliente:
Claudia Pires

Impressão:
Rotermund

Dados Internacionais de Catalogação na Publicação (CIP)
(Câmara Brasileira do Livro, SP, Brasil)

```
Peixoto, Cristiane
    A porta secreta do amor / Cristiane Peixoto. --
São Paulo : Literare Books International, 2017.

    ISBN: 978-85-9455-026-2

    1. Romance brasileiro I. Título.

17-03568                                      CDD-869.3
```

Índices para catálogo sistemático:

1. Romances : Literatura brasileira   869.3

Literare Books International
Rua Antônio Augusto Covello, 472 – Vila Mariana – São Paulo, SP
CEP 01550-060
Fone/fax: (0**11) 2659-0968
site: www.literarebooks.com.br
e-mail: literare@literarebooks.com.br

CRISTIANE PEIXOTO

PREFÁCIO

Amor...o que é o amor?
O amor é comum ou é de cada um?
O amor é vivido ou é sentido?
Palavras podem reproduzir o amor ou somente nas atitudes ele é encontrado?
Como conter quando ele maior do que você?
O amor se faz comunicar ou o amor é dito, comunicado?
Amar é preciso, acertar ou o amor é preciso, certeiro? Ou é na justa imprecisão que o amor encontra o vigor de ser para todos?
No amor nos tornamos mais próximos ou o amor é a única e real conexão? Conheceremos a plenitude pelo amor ou o amor é pleno?
Onde está o amor?
Como encontrar o amor?
Creio que, de forma bem contida, é possível encontrá-lo no olhar ou ao olhar, sem as vendas do cotidiano, o amor esteja em todo lugar...
Talvez o amor possa ser dito sem dizer uma única palavra; talvez possa ser expresso sem a moção de nenhum gesto, sem qualquer projeção mental, mas quando o coração pulsa, contagiado por esse amor, as palavras conseguem consumar sua direção, o gesto

infundado prova o afeto e bons pensamentos são propagados.

Por definição, o amor é a afeição por alguém, mas parece que essa simples palavra é muito maior que sua definição, é quase que uma expressão sem definição finita, porque se vive, se sente, se diz, se experimenta...

O amor é o lugar onde os defeitos se tornam sem efeitos,
Onde o suor não prova a repulsa,
Onde a cor se torna indefinida,
Onde a razão dá lugar à compreensão,
Onde as contrariedades serão sempre ofertas de novos saberes para aquele que tem no saber o objetivo de construir a melhora,
Onde o cultivo individual é a conquista do todo para todos,
Onde o respeito é premissa,
Onde o aceitar é muito mais do que coexistir,
Onde o abraço é uma troca,
Onde a fome não existe,
Onde o poder é capacidade,
Onde o fazer não é fazer pra dizer,
Onde o dizer não é vago,
Onde a vontade é norteada pelo bem,
Onde o bem não busca o prêmio,
Onde a palavra paz encontra seu pleno significado: o de provar o descanso de ser nada mais que você, a plenitude do conviver com você e com o outro, com o que você pode oferecer e com o que os outros podem acrescer a você.

É saber que o seu feito pode ter mais efeito quando vivido também pelo outro, não amando a expectativa, mas sim a realidade de viver sem medo o que, no fundo, é mágico por ser inesperado.

O amor pode ser falho, mas é da falha que pode nascer o amor pela perfeição da imperfeição do outro.

A autora Cristiane Peixoto, com sua sensibilidade peculiar, nos transporta para essa história envolvente e repleta de ensinamentos que, em princípio, podem parecer despretensiosos pela fácil e agradável leitura, propiciada pelo estilo hábil da autora de entrar e sair das histórias entrelaçadas que compreendem a obra, ora nos levando ao suspense causado pelos desencontros, ora nos surpreendendo com dissoluções repentinas, mas que em poucas páginas, nos torna participantes dessa história, nos fazendo revisitar sentimentos, nos proporcionando a possibilidade de ressignificar alguns desses. Uma história que nos propõe a reflexão, enumerando, questionando e discutindo as escolhas de uma vida, sempre tendo como tema central o amor comum a todos, "o amor que não tem oposto", o amor que está à frente do desejo, o amor que está "muito além da matéria", o amor que nos faz identificar "o sentir", o amor que reside em nós e que, frequentemente, é negado. Cláudia, uma das personagens criadas pela autora, vive as consequências de suas escolhas perante a aceitação do outro e de si mesma, nos fazendo perceber o quão dependente de nossas escolhas nossa vida é constituída. Somos inteiramente responsáveis pela construção de nossas divisas e a clareza das respostas que buscamos muitas vezes está obscurecida pela poeira que reside em nossos pensamentos viciados, repletos de conclusões confortáveis e crenças imutáveis - uma questão que nos alerta para a possibilidade de estarmos vivendo uma vida que não existe mais, que nos faz refletir sobre a necessidade inerente de nos atualizarmos para hoje.

Ao longo da história de fim inesperado, tão inesperado e incerto como os capítulos de nossas vidas, - e que reforçam a ideia do hoje, do agora - nos inclinamos ao papel de juízes, repletos de julgamentos, respostas e soluções para as escolhas de Cláudia e de outras personagens, assim como nos deparamos no dia a dia com inúmeras soluções para os problemas alheios, mas incapazes de resolver os próprios e reais conflitos.

Felizmente, somos seres humanos passíveis de erros e, principalmente, capazes de repará-los e até de ressignificá-los, vivendo assim o presente que o sol nos propicia de poder renascer todos os dias enquanto o tempo nos permitir.

Então, convido você a viver e sentir essa história que se confunde a muitas histórias que vivemos e convivemos, e que fará você pensar de maneira diferente sobre a vida e principalmente sobre o amor, sobre a essência que não é visível aos olhos.

Assim começa minha ligação literária com a minha amiga autora Cristiane Peixoto. Após ter acesso a alguns de meus textos, ela me incentivou e praticamente me ordenou a escrever um que falasse sobre o amor, o amor que como ela bem diz reside em uma "Dimensão Universal". Após alguns dias de trabalho, o resultado foi o texto que inicia este prefácio, intitulado de "Amor comum", escrito há pouco mais de um ano. É um texto que me orgulho de ter escrito e que, obviamente, é protegido pelo ambiente em que se escreve, diferentemente da necessidade de decisão exigida pelo dia a dia, mas que nos faz, sim, refletir sobre a dimensão que o amor tem e pode ter na fluência de nossas vidas.

Algum tempo depois, Cristiane Peixoto me contou sobre seu novo livro, este que está em suas mãos, e entusiasmado com a notícia de um novo livro a questionei sobre quem escreveria o prefácio. Para minha surpresa, Cristiane me respondeu de imediato que seria eu; senti-me lisonjeado e na mesma hora respondi, então, que aceitava o desafio! Antes mesmo de ler "A Porta Secreta do Amor" a comuniquei que já tinha o texto pronto para o prefácio, mas somente após ler toda a história tive a certeza de que o texto "Amor comum" tinha, de certa forma, uma conexão com a obra. Agradeço à autora por me proporcionar estar presente neste livro tão bem escrito e compreendido de um conteúdo essencial para a evolução de nossas vidas e termino desejando ao leitor bons momentos de reflexão neste romance.

Fabio Dervilani

CRISTIANE PEIXOTO

Dedico este livro a todo ser humano que sentiu Amor, conheceu seus mistérios e, por isso mesmo, sabe que não há nada mais inexplicável no planeta.

- Espere um pouquinho! Eu vou deixá-la em casa e volto já! Eu volto já! – Entrou no carro, que sumiu virando a esquina. Essas foram suas últimas palavras. Para ela, não houve outro momento, não houve depois. Somente a expectativa, parada ali na frente do portão, sem saber que não ouviria mais o som de sua voz. Ah... se ela soubesse. Se tivesse tido oportunidade, o que diria? Se pudesse escolher suas últimas palavras, quais seriam? E agora, como podemos tirá-la de lá? Fazê-la virar as costas e, por fim, entrar em casa.

Amor.

Definitivamente, amor é meu tema favorito. Chega a ser injusto chamá-lo aqui de "tema". Aposto que, com mais ou menos consciência (disso), é seu tema favorito também. Estou disposta a apostar tempo e dezenas de páginas nisso. Falar sobre tudo que envolve o AMOR, todas as suas formas e facetas, seus disfarces e evidências, sua lógica e sua loucura, o visível e o invisível, o real e o ilusório. Em algum momento, espero que você se encontre. Que não encontre respostas, mas descubra, finalmente, as perguntas certas. Aquelas perguntas que, se você fizer o suficiente, poderá não precisar de respostas.

Amor está presente em tudo. Desde os primórdios da civilização, desde que o mundo é mundo, provavelmente, antes mesmo de o mundo ser mundo, essa energia é o grande poder criador. É o que nos move, ainda que não saibamos. É o que nos mantém vivos! É o tema que tocou a alma de milhares, milhões, bilhões... nas poesias, na música, no cinema, em todas as expressões da arte, da linguagem. Seria difícil selecionar alguns de seus múltiplos aspectos e apresentações, tantos são os conceitos, tantas metáforas, inúmeras formas diferentes de falar de amor. Qual a mais correta? Qual a que mais se aproxima da "verdade"? Com qual você mais se identifica? Dos romances que lemos, do que mais gostamos? Por que nos sentimos tocados com histórias de amor, ainda que sejam pura ficção?

Mas nem mesmo estas são as tais "perguntas certas". Muito raciocínio, pouco sentimento - o grande mal da humanidade. Querer entender tudo, sem passar pelo sentir tudo. A dicotomia favorita neste mundo de duelos travados ao longo da história. É culpa do tempo. Foi quando precisamos de algo como "antes" e "depois", que tudo passou a ter "dois lados" da moeda. Opostos, antônimos, antagônicos... palavras que conquistaram sentido numa dimensão de conflitos infindáveis, e foi assim que ganhamos o bem e o mal, o masculino e o feminino, o certo e o errado, o justo e o injusto, o amor e o ódio. Quando, na verdade, AMOR não tem oposto. Podemos ter ausência de AMOR, mas sua ausência não significa um "outro lado da moeda". Talvez, essa seja uma ideia difícil de "entender", até porque não se pode entender mesmo, apenas sentir.

Vamos sentir juntos algumas histórias, personagens que, devo dizer, são ficção. Sei que é bem mais emocionante quando lemos uma história real, mas o que é real? As coisas que você viveu são reais? Tem certeza? Você traz consigo a pura versão da realidade do que vivera, ou sua versão é apenas uma "ficção" para quem viveu a história com você? Talvez, a história possa mudar cada vez que você a revisita. Em cada fase da vida, suas histórias podem ter outros sentidos, ou você acha que seu passado está, exatamente, no mesmo lugar? E se tudo o que existe é o momento presente, então, seu passado é real?

De qualquer forma, vamos precisar de uma história para ilustrar todo esse conceito complexo sobre amor. Não se impressione e nem desanime se a história parecer um tanto juvenil, no início. Devo lembrá-lo de que todos passamos pela tenra idade e, embora pareça inofensiva, é nesta hora que muitas vidas são definidas, adultos são moldados, alicerces para grandes realizações ou verdadeiras catástrofes interpessoais são edificados. Nunca, jamais cometa o erro de subjugar o poder de um pré-adolescente. Ele pode ter impacto avassalador sobre futuros. Acredite. Tampouco transfira a leitura para um jovem despreparado, alguns trechos podem ficar confusos para mentes juvenis.

    Precisaremos de personagens e, desta vez, serão todos fictícios. A Capitu, de Machado de Assis, nem precisou ser real para levar leitores à loucura sobre a incerteza da sua fidelidade (ou infidelidade) no clássico Dom Casmurro. É critério do leitor. Eu acredito que ela não traiu seu marido. Nem preciso ter razão, a partir do momento que acredito, isso é realidade para mim. É assim que funciona. No final, o que vale mesmo é no que você acredita. Meus personagens são fictícios, ou talvez não sejam. Você que sabe. Afinal, e daí?

"Prepare seu coração pras coisas que eu vou contar..."
(Disparada - Geraldo Vandré e Théo de Barros)

- Vejam que menina idiota! Olha esse cabelo! Você é horrível! Você é ridícula!

E foi assim que ele a recebeu no dia seguinte, logo que pisou na sala de aula. É tudo minha culpa. Foi o que pensou. A raiva dele saía pelos poros, pelas narinas, pelos olhos, agora transformados. Ela nunca tinha visto aquele garoto tão agressivo, agitado, capaz de palavras tão duras.

Apesar de ser rebelde, mau aluno para os padrões escolares, ele tinha conquistado o coração da menina. Cláudia era inteligente, mas nada popular. O tipo de garota que entra na classe sem que ninguém perceba. Sempre se sentiu "invisível", até que um dia percebeu uma coisa diferente. Algo na escola estava fazendo com que ela acordasse mais cedo, sem reclamar do despertador. Olhava-se no espelho com cuidado, chegava em sua sala passando os olhos por todo mundo, até encontrar o olhar de José Carlos, e era um êxtase. Isso era tudo.

Havia os dias que ele faltava e nada tinha graça, especialmente se fosse uma sexta-feira. Ela teria de aguentar o final de semana inteiro para vê-lo de novo. Vê-lo era especial porque ele a fazia sentir-se especial. Sempre arranjava um jeito de brincar com ela, falar uma besteira, jogar uma bolinha de papel, um aviãozinho, ou tentar impressioná-la rodando o caderno no dedo. Mas a melhor parte era algo no seu olhar e no seu sorriso. Quando ela chegava, ele sorria. Seus olhos irradiavam aquela luzinha estranha, do tipo que a gente só vê em quem está apaixonado. Mas Cláudia era muito nova, nova demais para perceber o que havia a sua volta e, na verdade, até mesmo para entender seus próprios sentimentos. Secretamente, ainda gostava de brincar de bonecas. Era confuso e assustador. Ele lembrava um tipo de "Vagabundo", do clássico "A Dama e o Vagabundo", ela, claro, a própria Dama – descontando a elegância, ela era um tanto desastrada. Coisa de pré-adolescente que não está conseguindo dominar suas novas pernas de pau. Ainda assim, como ela poderia estar apaixonada por aquele garoto?!

 O primeiro amor! As pessoas dizem que "é coisa de criança". É como se fosse algo de menor valor, inofensivo. Que grande engano! Muitas vezes, este engano pode custar muito caro.

 - Eu acho que estou gostando do JC. – confessou, secretamente, às suas melhores amigas. – Pelo amor de Deus, ninguém pode saber!!! – acrescentou.

 E, de repente, houve aquele dia – o fatídico. Cláudia chegou em casa triste, estranha. Não conversou com ninguém. Não se abriria nem sob pressão. Tudo o que sabia é que, no dia seguinte, quando o despertador tocasse, teria uma sensação diferente: medo. Entrar em sua sala e o que esperar? Será que tudo não tinha sido mais do que um dia de fúria? Talvez ficasse tudo bem e tudo voltaria ao normal.

 Os passos na escada foram sentidos como nunca. Pisando duro, olhando as cerâmicas avermelhadas nos degraus, algumas rachadas pela manada de alunos que subiam e desciam, desesperadamente, na hora do intervalo. O barulho da sala. Apertou seu material contra o peito, baixou a cabeça. Por favor. Por favor.

 - Olha quem chegou! A menina mais horrível da escola! – gritou, seu Vagabundo.

 Não pode ser. O que vou fazer? É culpa minha. Vou ter de aguentar isso, pensou.

Parecia que não poderia piorar, mas piorou. Muito. A hora do recreio era a favorita dele, era quando ele falava alto, mais alto que o ruído de dezenas de crianças eufóricas, e despejava seu vocabulário grosseiro, atingindo como um míssil seu autoconceito em construção. Repugnante. Ignorante. Horrorosa. Idiota. Ridícula. Babaca. Palavras duras repetidas, incansavelmente, com a fúria de fortes ventos.

Dentre tantos intervalos hostis, um deles se destacou, quando tocou o sinal, eles subiram aquelas escadas brigando. Ela quase não reagia, mas, naquele dia, decidiu tentar fazê-lo parar. Ele ficou ainda mais nervoso, segurou seus dois braços com força e a encostou contra a parede. Calaram-se. Olharam-se. Em meio à tempestade, ela conseguiu vislumbrar aquele olhar novamente. Ele manteve o rosto próximo o bastante para que ela sentisse sua respiração. Ela se encheu de expectativa! Hormônios em transformação, desenfreados, livres, no gatilho de suas glândulas. Um perigo! E então ele abriu a boca e disse...

- Eu te ODEIO! – em um tom de quem sabia o que estava dizendo. Depois, soltou-a e lhe deu as costas. Ela ainda ficou parada ali, com sérios problemas para digerir palavras tão pesadas.

Em meio à rotina escolar de uma boa aluna, tarefas de classe, lições de casa, muitas provas, trabalhos em grupo, aulas de Educação Física e... claro, brigas.

O ano escolar chegou ao fim. Férias! Era como o fim do mundo para Cláudia. Teria de esperar dois meses para reencontrá-lo e saber se ele estaria na mesma classe que ela. Já estava acostumada com sua hostil presença e, sem ele, provavelmente, voltaria a se sentir invisível.

Esperar pelo primeiro dia de aula para ler a lista fixada na parede da escola e, por fim, descobrir a única coisa que não saiu de sua cabeça durante as férias, a fazia tremer de emoção. Encontrou seu nome numa das salas, desceu um pouco mais na ordem alfabética, não encontrou o dele. Eles estavam em salas diferentes, porém uma ao lado da outra. Fim do mundo. Tragédia total! Encostou-se à parede, fechou os olhos por alguns instantes. Uma cena horripilante, imagine: dezenas de pré-adolescentes se espremendo em frente ao paredão da

A PORTA SECRETA DO AMOR

escola para procurar por suas classes, e ela, entre um cartaz e outro, grudada na parede, com seus olhos fechados. Praticamente, um suicídio social! Principalmente porque, quando voltou a abrir os olhos, JC estava passando em frente, com um ar curioso, depois virou a cara.

Ela sacudiu a poeira, entrou no corredor como quem entra num presídio de segurança máxima para passar os próximos cem anos, avistou-o encostado à porta de sua sala assistindo a sua aproximação. Como boas vindas, não disse nada. Estava com uma expressão atípica, o rosto triste e aquele olhar que vira apenas uma vez, naquele dia – o fatídico. Ela quis acreditar que ele também não gostou nada de estar longe dela, estava convencida de que toda aquela agressividade, as palavras detestáveis e as inúmeras vezes que repetira "Eu te ODEIO!", com ênfase no "odeio", você entende, queriam dizer "Eu te amo". E tudo por culpa dela, por causa daquele dia – o fatídico, ele não podia dizer.

A partir daí, houve uma nova rotina: aulas mais pacíficas, o que era um alívio, e os piores recreios da face da Terra! Pré-adolescentes se tornaram adolescentes, o corpo mudara, os hormônios foram entrando naquele processo que, acredito, todos nós recordamos bem. Ele acabou descobrindo uma nova arma de aniquilação atômica: provocar ciúme em Cláudia. Usava a hora do intervalo, que era tudo o que ele tinha, para desfilar na frente dela abraçado com duas ou três meninas. As mais belas da escola, a propósito.

- Olha aqui garota, o dia que você for tão bonita quanto estas aqui, eu namoro com você. Melhor dizendo, não! Nem mesmo bêbado eu namoraria com você! Você é repulsiva! – E afastava-se rodeado de risadinhas femininas debochadas. Eu devo ser mesmo muito feia, pensava.

Ele era bonito. Corpo de um atleta, cabelos e olhos castanhos, o olhar de um homem com um sorriso de menino. Tinha dentes pequeninos e brancos, alinhados, como era raro para a idade. Além disso, era um dos melhores jogadores de futebol da escola. Vivia nos campeonatos internos e externos e sempre tinha uma legião de fãs para assistir aos seus treinos. Essa legião de fãs estava sempre presente nos intervalos, e ele aproveitava para detonar Cláudia.

No silêncio de seus pensamentos, ou nos gritos em sua defesa, Cláudia foi calando seu coração, sem perceber. Foi quando um processo muito comum teve início: autodefesa, que mais se parece com um tipo de autodestruição. Com o objetivo claro de prevenir que um sentimento ruim aconteça de novo, a pessoa se fecha. Nessa idade, ainda sem o discernimento necessário para compreender melhor os fatos, generaliza-se com facilidade. O raciocínio segue um silogismo puro:

Premissa A: Isso é ruim.

Premissa B: Está acontecendo porque me apaixonei.

Conclusão: Apaixonar-se é ruim.

E ponto final.

As conclusões são encaminhadas para um lugar bem seguro em nossa mente, onde não conseguimos acessar com facilidade no caso de querer fazer uma "faxina". É como arquivar dados na "nuvem", tão inacessível que recebeu esse nome: você envia um backup para lá e nem precisa mais se preocupar, a informação estará disponível quando necessário. Sempre que houver uma oportunidade, uma pessoa legal, um provável relacionamento, um sentimento estranho, o alerta de emergência é disparado e, antes mesmo de se ter consciência disso, aborta-se a missão. Pior ainda, sabota-se a missão. Corpo fechado. Coração fechado. A gente acaba tendo uma sensação de segurança, alívio, confia neste mecanismo e entra num mundo que uma conhecida fábula infantil chamou de "Terra do Nunca".

Interessante essa história: Peter Pan foi um menino que se perdera da mãe, foi resgatado pela fada Sininho, que o levou até a mágica Terra do Nunca, onde poderia brincar para sempre e nunca crescer. Lá, encontrou os meninos perdidos, outros garotos que, como ele, não tinham acesso ao amor de uma família, mas tinham a oportunidade única de viver incríveis aventuras! E todo mundo conhece o resto da história. Na realidade, esse menino se apaixonou pela sua amiga favorita, Wendy, que lhe retribuiu o sentimento. O que ele fez? Fugiu. Desdenhou. Amar seria perigoso, ele teria de voltar e viver

A PORTA SECRETA DO AMOR

uma vida normal, longe do lugar onde nunca nada poderia lhe ferir. Preferiu viver na Terra do Nunca a viver na "Terra do Sempre", onde estaria sujeito a inúmeras possibilidades. Abriu mão de seu amor para manter seu sentido de segurança. É como fazemos, às vezes, em tenra idade, sem perceber.

Você se lembra da primeira vez que sofreu por amor? Seu coração ficou ainda mais fértil e corajoso depois disso, ou nunca mais foi capaz de se entregar da mesma forma? E há também aqueles que diriam nunca ter sofrido por amor, esses visitam as janelas de famílias com filhos e cachorros para lhes contar histórias de ganchos e crocodilos.

Foi exatamente assim com Cláudia. Uma garota perdida! Perdida e inteligente. Desenvolveu seu sistema de alerta tão bem que não reconheceria o menor sinal de amor, por mais evidente que fosse. Tinha suas técnicas para disfarçar seu próprio sentimento. Fechava a cara, não olhava mais para ele, ignorava-o sempre. Ele não existia mais para ela. Se ela percebesse sua presença num canto do pátio, ia para outro lugar. Se não fosse possível, dava-lhe as costas. Mas, nem por isso, deixou de sofrer. Ao contrário, sentia-se protegida, mas miserável. Seu maior sonho era estar com ele, e começou a se permitir fantasiar. Ao menos, em suas fantasias, ela poderia amá-lo e ouvir dele as tais palavras de que tanto precisava: "Desculpe." "Eu te amo."

Fantasiou tantas vezes que, de vez em quando, tinha de se lembrar do que havia ocorrido de fato. Percebeu que sua mente tinha apenas um pequeno pedaço capaz de distinguir a realidade da imaginação, mas ambas traziam um sentimento parecido ao acionar a lembrança: alegria ou tristeza, raiva ou desejo. Foi, aos poucos, construindo uma nova história, uma bem melhor. Sonhou com um profundo beijo na boca, no dia em que ele a prensara contra a parede segurando seus dois braços, em vez do terrível e factível "Eu te ODEIO!". Sonhou com declarações de amor. Sonhou que ele a treinou, pessoalmente, para ser a goleira do time de *handball* nas olimpíadas da escola, e que se saíra tão bem que seu time ganhou! Bem ao contrário da realidade, na qual foi tão ruim, que seu time resolveu tirar uma jogadora do campo para assumir seu lugar no gol. Um vexame! Mas sua reconstrução favorita era a do tal dia fatídico, aquele que deu origem a tudo. Ela se lembrava de cada detalhe, cada palavra, e sentia um profundo arrependimento. Sentia-se culpada. Isso provocou toda aquela sequência de tragédias gregas ou talvez mexicanas, em plena Pátria Amada.

Naquele dia, o fatídico, ele entrou na sala calado. Seus pensamentos eram quase audíveis. Não era nada típico aquele comportamento de menino calmo, quieto, bonzinho. Sentou em sua carteira, que era atrás da dela, por sinal, sem dizer nada a ninguém. Ficou assim durante toda a aula. De repente, ele cutucou suas costas:

- Cláudia?
- O que foi? – virando-se para ele.
- É verdade o que as meninas estão dizendo por aí, que você gosta de mim? Poxa Cláudia, se for, eu faço tudo o que você quiser, até te beijo na boca! – E se calou em expectativa.

Foi uma declaração infantil, mas sincera. Talvez, pela primeira vez, aquele garoto estivesse se abrindo com uma garota, confessando-lhe os sentimentos e se expondo a riscos. Quem sabe ela não fosse seu primeiro amor também e, até por não compreender seus sentimentos, via-se obrigado a chamar sua atenção de maneiras desajeitadas e estranhas. Coisa de coração destreinado. Quantas vezes ele, possivelmente, ensaiara aquele discurso? Quantas vezes deveria ter imaginado sua resposta, com um bom grau de otimismo, já que foram as amigas dela que lhe trouxeram tal informação. Era tiro certo! Era necessário apenas um passo para que a razão de tanta provocação ficasse clara. Ainda assim, o medo o congelou durante a aula toda e, até mesmo no momento em que criou uma coragem ímpar, seu olhar permaneceu para baixo o tempo todo. Ele estava inseguro, com medo, mas aberto e exposto. Cláudia percebeu tudo isso com o raciocínio rápido de um pequeno gênio. No segundo em que ouvira suas palavras, ficou perplexa. Nunca poderia imaginar que ele sentisse algo por ela. Seu primeiro sentimento foi raiva de suas amigas. Traidoras! Fofoqueiras! Agora ela estava diante de uma encruzilhada: de um lado, o menino que gostava e seu primeiro beijo de amor. De outro, ops... ele disse beijo na boca? E isso a encheu de pânico! E como diria a seus pais que estava namorando? Ao mesmo tempo, se ele percebesse que ela estava com medo, poderia usar isso contra ela, com suas atitudes nada discretas. Juntando toda a informação disponível e depois de fazê-lo esperar pelo processamento destes dados durante três eternos segundos, deu-lhe a resposta:

- Não. Não é verdade. – E para garantir que ele não suspeitaria desta mentira, acrescentou – Como eu poderia gostar de um moleque idiota feito você? O pior aluno da sala, o mais babaca, o mais ridículo? Impossível!

Ele ouviu e permaneceu imóvel, calado, com os olhos baixos. Ela parou de falar diante de sua ausência de resposta, e virou-se para a frente. Sentiu seu coração em pedaços. Arrependeu-se, imediatamente. Percebeu o tamanho de sua crueldade, quis consertar, como se fosse possível fazer voltar para as profundezas da insanidade uma palavra dita. Virou-se para trás, mas só conseguiu dizer:

- Você está triste?

Ao que ele respondeu que não, apenas balançando a cabeça, sem erguer o olhar.

E, no dia seguinte, tudo começou. Não pode ser. O que vou fazer? É culpa minha. Vou ter de aguentar isso.

Sentia-se merecedora daquilo tudo. Só o que pensava era como fazer para que ele superasse o dia fatídico e confessasse, de novo, seu amor. Mas toda vez que ela reinventava esse dia, sentia medo. Não se imaginava confessando seus sentimentos, o que, inclusive, parecia cada vez mais difícil.

Mais um ano findava e, em seguida, uma nova separação. Ele havia se tornado tão complicado que tinha sido transferido para outro período. Quase fora expulso do colégio, certa vez.

Um ano de distância fez tudo parecer normal, exceto por um dia, em que ela estava sentada no portão de sua casa, jogando papo fora com a brisa de um fim de tarde privilegiado. De repente, uma bicicleta parou bem diante dela. Foi subindo o olhar, era José Carlos. Ele a fitou, diretamente nos olhos, ela retribuiu o olhar, ainda assustada com a surpresa. Mais uma vez, ela se encheu de expectativa. O que ele estaria fazendo parado ali? O que queria dizer? Mas não disse nada. Ficaram se olhando por alguns segundos, aqueles que fazem o tempo parar, e depois foi embora. Essa lembrança era difícil de ser separada da categoria "imaginação" em sua mente. Parecia um sonho.

"Coruja... agora eu sei por que não olhas para mim! É consequência de um orgulho sem fim, sem fim!"
(Coruja - Deny e Dino)

CRISTIANE PEIXOTO

Penúltimo ano do Ensino Fundamental. Cláudia foi conferir a listagem de alunos para encontrar o nome de suas amigas, e encontrou o nome de José Carlos. Empalideceu. Sentiu seu corpo amolecer. Sinais de adrenalina correndo solta nos vasos sanguíneos, pondo fim à era de paz mundial que vivera no ano anterior. No entanto, muitas coisas tinham mudado. Ela já não era mais a mesma garota, talvez o visse agora e nem sentisse mais nada. Talvez tivesse conseguido esquecer aquele amor infantil. Ele entrou na sala, e foi como se tivesse visto uma assombração. Já no primeiro dia, os dois começaram um movimento estudantil em prol da mudança de turma, o que foi até engraçado sob o ponto de vista da coordenadora pedagógica, que nada devia saber a respeito de seus motivos tão particularmente expostos nos últimos anos. O fato é que não queriam permanecer juntos. Mesmo sendo uma reivindicação que parecia viável, seus pedidos não foram atendidos. A solução, então, foi procurarem carteiras separadas, tanto pela Linha do Equador quanto pelo Meridiano de Greenwich, e assim iniciaram sua rotina escolar.

Cláudia estava aplicando a técnica da rejeição. Ignorava-o. Ele tinha permanecido quieto por um tempo, até que não resistiu e começou a expressar seus sentimentos, carinhosamente: passava pela carteira dela e lhe dava uma "braçada", batendo o antebraço musculoso pelo *handball* no topo de sua cabeça. Uma vez ou outra, discutiam. Cláudia já não silenciava, mas nunca conseguiu responder nada produtivo.

- Fica quieto! Me deixe em paz! – era sua mais terrível retórica.

Certa vez, a classe estava de "folga", após a conclusão de uma tarefa, esperando o sinal do recreio. Cláudia e alguns amigos fizeram uma rodinha para cantar. JC se aproximou, entre uma música e outra, sugeriu "Evidências", de Chitãozinho e Xororó. Cláudia conhecia bem a letra, pois retratava bastante o que ela sentia. A música foi ouvida em coro, enquanto o olhar deles permaneceu conectado, incensurável.

"...E nessa mentira, de dizer que não te quero, vou negando as aparências, disfarçando as evidências... Mas para que viver fingindo, se eu não posso enganar meu coração! Eu sei que te amo! Chega de mentiras, de negar o meu desejo, eu te quero mais que tudo, eu preciso do teu beijo! Eu entrego a minha vida, pra você fazer o que quiser de mim... Só quero ouvir você dizer que sim!"

Era a letra perfeita, declarada em suas vozes e olhares, no disfarce de um coral entre amigos. A ideia foi dele! Ele deve pensar na música, assim como eu! Enchia-se de felicidade e esperança, até que o alerta vermelho a colocasse de volta na "segunda estrela à direita, então direto até amanhecer": Nunca!

Numa de suas braçadas, Cláudia se encheu e expressou seu falso sentimento de puro desprezo:

- Pare, idiota! Vá encher outra, não se meta comigo! – esbravejou.

Foi quando ele parou, ficou na frente dela e começou a despejar seu discurso inflamado e sem censura:

- Não sei o que acontece com você! Você é muito cínica! Essa menina gostava de mim! – dirigindo-se a seus amigos, continuou - Vivia pedindo para as amigas dela falarem comigo, ligarem para minha casa, para dizer que, no fundo, eu gostava dela, mas não tinha coragem de declarar! Ela me enchia o saco, dizia que eu gostava dela, ah! – desdenhava.

- Pare, JC! Isso já faz muito tempo, não tem sentido você dizer isso agora! – defendia sua melhor amiga, Paula.

Mas ele continuou se lembrando de todas as passagens vividas, algumas até já esquecidas. Até que ela interrompeu:

- Chega, JC! Pare de falar tanta mentira! Isso é mentira!
- O quê? É mentira? Então nega na minha cara! – desafiou.
- Nego! – declarou, usando sua expressão mais arrogante.
- Nojenta! Você é nojenta! É claro que você gostava de mim!

Os amigos dele o levaram dali; as amigas dela fizeram aquela barreira que só as meninas são capazes. Uma discussão que não levou a nada, pois nenhuma palavra que, verdadeiramente, importava foi dita. Nem ele confessou seus sentimentos, nem ela. Nem ele pediu seu perdão, nem ela. Ninguém sentou para contar suas versões da história. Ao contrário, continuavam se machucando em nome de seu orgulho de estimação, e dormiam, à noite, bem abraçadinhos com ele.

Não houve trégua entre os dois. No final do ano, a Dama passou com excelentes notas, o Vagabundo foi reprovado. Seu último ano do Ensino Fundamental seria num prédio novo e ele permaneceria no antigo, mais uma separação estava estabelecida.

Cansada, conectada com toda a dor acumulada em seu coração, Cláudia resolveu desviar sua caminhada para casa e entrar na igreja do bairro. Ajoelhou-se, rezou. Chorando, pensou em todo sofrimento pelo qual passou Jesus, observando suas imagens pintadas. Tão pequeno era seu problema, comparado ao de Jesus. Era até pecado pensar assim. Não poderia comparar! Mas estava lhe causando uma dor enorme. Como fazer aquilo passar? Queria um beijo apenas. Queria ouvir as tais palavras: "Desculpe." "Eu te amo." Talvez, quisesse, ainda mais, dizê-las.

Quem sabe tenha sido intervenção divina, mas ela se sentiu bem melhor depois de sair de lá. Sua "cruz" parecia bem mais leve. Foi quando teve uma ideia brilhante: se vincular ao grupo de jovens da igreja! Ela precisava buscar forças e esta era uma forma de fazer parte de algo maior, maior que seus problemas, com certeza.

Cláudia se enturmou, rapidamente. Conheceu Alice, uma garota de família muito religiosa, que logo se tornou sua melhor amiga. A maneira empolgada que ela reagia às histórias de José Carlos fazia Cláudia se sentir importante, valorizada e compreendida, tudo o que se espera de uma amiga nesta idade. Alice sentia raiva de JC e defendia a ideia de que ele era louco por ela!

Logo no início do ano, o grupo precisou dividir as tarefas para a tradicional Festa Junina da igreja. Por ter alguma experiência com teatro e música, Cláudia foi escolhida para organizar a Quadrilha. A festa era bem conhecida no bairro e contava com a participação da comunidade. Organizar a Quadrilha era uma tarefa e tanto. Em uma votação, elegeram Cláudia como a noiva. Ela se ocupou em montar a coreografia, desejava criar novidades além dos tradicionais movimentos, mas acabou inventando uma dança difícil de ensaiar. Havia muito mais moças do que rapazes no grupo e elas deveriam convidar seus pares para dançar. Algumas convidaram primos, namorados, amigos. Cláudia não tinha ninguém para convidar. Sua "Terra do Nunca" era infalível, não tinha amigos, não se enturmava com rapazes. Nada de primos, muito menos namorados. Ninguém. Quem seria o noivo, afinal?

- Você deveria criar coragem e convidar o José Carlos – sugeriu Alice.

- Você está louca? Nem pensar! – retrucou Cláudia, permitindo que a ideia ganhasse espaço em sua mente. Mais uma fantasia a caminho! Seria maravilhoso se pudesse ser verdade.

Sem que ela soubesse, Alice descobriu o telefone de Paula, melhor amiga de Cláudia na escola. Apesar de parecer uma ideia maluca, Paula foi convencida a convidar JC para dançar a Quadrilha com Cláudia. Alice tinha a ingenuidade de considerar a ideia espetacular, já que conhecia a história sob a versão censurada de Cláudia. O mesmo não se aplicava à Paula, que tinha presenciado quase todos os piores momentos entre os dois. Paula não estava tão otimista, mas também pensava que a história merecia outro desfecho. Assim, não demorou a procurá-lo.

- Diga a ela para vir me convidar pessoalmente. Se ela vier, eu danço – JC respondeu.

A euforia de Paula e Alice as fez ter esperanças. Uau! Quem sabe a história poderia ter um final feliz?! Cláudia sentiu a velha amiga expectativa, assim que soube. Esperou por ele na entrada do colégio, em frente ao prédio antigo. Ele se aproximou assim que a viu!

Às vezes, um simples gesto basta para que a história mude seu curso. Um simples pretexto, um motivo inventado para retomar uma conversa, um contato. O poder de olhar a pessoa mais uma vez, e tudo muda...

Ou não.

- A Paula me falou do seu negócio da dança. Eu não vou poder. Vou viajar, então não vai dar. A gente se vê por aí. – concluiu e virou as costas.

Grrrrrrrrrrrrrrrrrrrrrrrrrrrrrrrrrrrrrrrrr!!!

Ele fez de propósito! Fez de propósito para me magoar, me desprezar de novo! Idiota! Lastimou sua ingenuidade. Como poderia ser verdade, afinal?

Sorte que faltava bastante tempo para o dia da Quadrilha. Estava esperançosa para que suas amigas a ajudassem a conseguir um par.

Paula ficou chateada. Tomou as dores da amiga e resolveu fazer-lhe um convite.

- Cláudia, a Val vai se formar, o baile será neste sábado. Vem comigo, você precisa se distrair um pouco!

Valéria, irmã de Paula, era um ano mais velha, e estudavam no mesmo colégio. Cláudia resolveu aceitar, afinal, dentro de alguns meses, estaria participando de sua própria formatura, e já queria ver como as coisas funcionavam.

Era um salão nobre de festas. Um baile de formatura com todo o requinte a que se tinha direito impôs a necessidade de uma produção completa! Vestido de noite, penteado e maquiagem formavam o trio responsável pela transformação visual de Cláudia, que se apresentou uma perfeita mulher. Livre da fase "pernas de pau" e com seus movimentos menos desastrosos, ela estava exuberante!

A PORTA SECRETA DO AMOR

    Suas companheiras naquela noite eram a amiga Paula e sua irmã, a formanda Valéria, com quem tivera pouco contato. Apesar disso, ambas se conheciam bem de ouvir falar. Principalmente Valéria, era impossível não acompanhar a novela na qual Cláudia era a protagonista. Apesar de ser bem "popular" por este motivo, Cláudia se portava como se ninguém a notasse e conseguiu, finalmente, relaxar em um ambiente confortável, planejando dançar a noite toda.

    Essa não! Essa não! Não acredito! Seu rosto congelou, desgostoso, ao ver JC numa rodinha de amigos. Adeus, ambiente confortável, adeus, espontaneidade, agora cada passo deveria ser calculado. Nada de olhar para ele, nada de passar ao seu lado. Cuidado total para não causar a oportunidade de um xingamento, uma discussão ou uma simples "braçada" sobre seu penteado!

    Ah, mas ele estava tão bonito...

    Paula foi parceira naquela noite, assim como sua irmã. As tragédias possuem a incrível capacidade de despertar a solidariedade humana. Cláudia já havia se tornado a mártir afetiva da comunidade estudantil, embora o outro lado da moeda estivesse oculto nos recônditos de sua memória, e na fala introspectiva de um garoto, na intimidade de sua carteira escolar. Ninguém, além dos dois, poderia imaginar que ela, na verdade, fosse a vilã da história. Ao menos era como se sentia, portadora de um segredo fatídico, que não compartilhara com ninguém.

- Vamos lá no terraço, assim ficamos em paz – convidou Paula, fazendo-a mudar de ambiente.

    Não demorou muito, JC e seus amigos foram ao terraço também. Cláudia encostou-se ao muro, suas duas amigas ficaram de frente para ela, tampando parcialmente sua visão, puxando conversas animadas. Cláudia usou a máxima informação visual periférica que conseguiu, memorizando a localização dele, sem olhá-lo. Tinha consciência de que ele estava de costas para ela, à sua esquerda, conversando com seus amigos.

    Fez questão de virar o rosto para o outro lado, assim não seria flagrada olhando para ele. Por nada no mundo olharia para ele, ainda possuída pela ideia de que rejeitá-lo seria a melhor defesa.

Desdém. Desprezo. Negligência. Indiferença. Há quem confunda isso com ausência de amor, ou com o contrário do amor, quando é seu mais típico disfarce.

Paula começou a cochichar nos ouvidos de Valéria, e davam risadinhas. Era chato ter de ficar plantada vendo as duas de segredinhos, sem poder acompanhar a conversa, mas Cláudia pensava que as irmãs tivessem assuntos particulares. Em dado momento, Paula anunciou:

- Cláudia, espere um pouquinho aqui, eu vou conversar uma coisa com a Val e já voltamos! – E afastaram-se, ficando à sua direita, quase na mesma distância de JC e seus amigos, mas do lado contrário.

Que ótimo!, pensou ironicamente. Permaneceu ali um tempo, tempo que já deveria ter sido suficiente para que as duas tivessem a privacidade de conversar, longe de seus ouvidos indesejados. Mesmo assim, elas não voltavam. Cláudia começou a ficar chateada com as meninas. Sentia-se o alvo de um estilingue: de um lado, suas companheiras de baile, propositadamente distantes, trocando segredinhos, sorrisinhos e olhando para ela. De outro, o elemento proibido. Nem pensar em virar seu rosto para olhar o que ele estaria fazendo... Meu Deus! Agora só me faltava esse garoto pensar que eu estou aqui dando mole para ele! E no exato instante que esse pensamento cruzou sua mente, ela iniciou uma apressada e elegante caminhada na direção das garotas. Foi como flecha disparada, desgrudando-se do muro num ímpeto de decisão.

Ao se aproximar, encontrou as duas paralisadas, fitando-a com olhos arregalados e queixos caídos.

- O que foi? – estranhou a expressão das duas.

- Não acredito que você fez isso! – declarou Valéria.

- Isso o quê? – estranhando cada vez mais.

- Deixe de ser cínica, Cláudia! Como assim "o quê"? – irritou-se, Paula.

- O quê? Não sei do que vocês estão falando! – sentindo um clima pesado, insistiu.

- Cínica! Você é uma cínica! – afirmou Paula, já alterada e raivosa.

- Por que você fez isso? Não acredito que você teve coragem?! O que você é? Um tipo de monstro? – Valéria estava inconformada.

A PORTA SECRETA DO AMOR

Sem nada compreender, Cláudia suplicou:
- Gente, eu não sei do que vocês estão falando, pelo amor de Deus!
- Não é possível que você não tenha visto! – disse Paula.
- Não acredito! Você não viu mesmo? Não pode ser! – Valéria começou a suspeitar que fosse verdade.
- Não vi o quê? – A expressão de Cláudia delatou tudo. Ela nada sabia sobre aquele papo maluco.

Foi quando elas resolveram "reproduzir" a cena:
- Ele veio falar com você! Ele estava, praticamente, ao seu lado quando você saiu. Foi por isso que quisemos nos afastar. Estávamos percebendo que ele não parava de olhar! Ele ficava virando a cabeça toda hora para olhar você, então quisemos deixá-la sozinha para ele chegar. Tinha certeza de que você estava percebendo isso! Ele demorou um pouco, mas finalmente veio, assim ... na sua direção... – E Valéria foi reproduzindo, fisicamente, cada etapa.

- ...então, quando estava quase te alcançando, você saiu para o outro lado, você o deixou no vácuo! Ele parou na metade do passo, ficou parado ali, baixou a cabeça e a balançou de um lado para o outro, virou-se e voltou para a rodinha de amigos que estavam sérios olhando a coisa toda. Foi a cena mais horrível que já vi! Foi horrível! – completou a droga da história.

Existem momentos na vida da gente em que as palavras somem, até do pensamento. É quando o sentimento assume, integralmente, o espaço, e nenhuma palavra parece capaz de explicar o que se sente, a vontade é de chorar. Mesmo para um escritor, quando entra em um estado de transe, em completa empatia com um personagem, fica difícil continuar a história. Como poderia representar, em um texto, essa pausa técnica que permitisse a mais pura emoção?

Foi isso que Cláudia sentiu. Como se tudo e todos desaparecessem sugados pelo vazio, e a luz focalizasse apenas seu rosto inexpressivo e seu coração despedaçado. Como alguém que espera horas e horas por um ônibus e ele passa no momento em que se estava distraído. Ou como alguém que viaja quilômetros para ver o pôr do sol mais famoso do mundo e chega depois do anoitecer. Ou como alguém que passa o ano inteiro ensaiando uma apresentação de dança e quebra sua perna na véspera. Sei lá! Na verdade, era pior que isso! Cedo ou tarde, passará outro ônibus, haverá outro pôr do sol e outras apresentações de dança até melhores do que aquela, mas quando, quando é que poderia se esperar que aquele coração se abrisse novamente? Principalmente, depois de ferido, outra vez. Ferimento com arma letal, uma mistura de desprezo, rejeição, crueldade, humilhação. Na frente de todo mundo. Na frente de seus amigos. O garoto, o coração e seu ego, todos juntos pisoteados por sapatos de salto em pisadas decididas e austeras. Foi sem querer. Foi sem querer. Eu não vi. Foi sem querer. Repetia a voz em sua cabeça, assim que recobrou a capacidade de pensar.

De que adiantaria? Quem acreditaria que havia sido sem querer? Afinal, tinha sido perfeito! O plano perfeito! Nenhum "fora" poderia ter sido mais vingativo, mais agressivo, mais doído. Sabe aquela sensação ruim que a gente tem quando algum bobão faz a brincadeira de te estender a mão e, no momento que você vai dar a sua, ele a tira fora, deixando-o no vácuo? Então. Multiplique-a por zilhões ao quadrado e acrescente a presença de seus amigos. Argh...

Cláudia era capaz de sentir a dor de JC, além de sua própria. Um portal que se abre a cada mil anos havia se escancarado para ela, há poucos minutos, e ela estava orgulhosa demais para enxergar. Se ao menos não tivesse virado tanto o rosto... se ao menos pudesse enxergá-lo com sua visão periférica... Tão atrapalhada, desastrada, destruiu sua única oportunidade. O que será que ele iria dizer? O que será que ele queria? Apenas uma coisa era clara: ele não estava se aproximando para lhe dar uma "braçada", nem para lhe xingar. Isso ele poderia fazer de longe mesmo, como sempre fez. Ele iria dizer, quem sabe, "Desculpe", "Eu te amo", ou "faço tipo, falo coisas que eu não sou... mas a verdade é que eu sou louco por você, e tenho medo de pensar em te perder! Eu preciso aceitar que não dá mais pra separar as nossas vidas!", ou, talvez, fosse enfrentar seu desdém para beijar-lhe, antes que pudesse reagir.

Ela nunca saberia. Nunca saberia. Nunca, perdida na Terra do Nunca. Comia-lhe o coração o crocodilo Tic-Tac, em um tempo que não voltaria mais. Tic-Tac. Tic-Tac.

A PORTA SECRETA DO AMOR

Nota da autora: desculpe o exagero deste trecho, mas devo lembrá-lo, caso seja preciso, de que é exatamente assim que nos sentimos nesta fase, nesta idade... algo assim é de morrer - mesmo. Agora sim, podemos prosseguir.

O olhar de Paula e Valéria havia mudado, completamente, depois daqueles minutos, em que Cláudia só fez sentir. A raiva desapareceu, dando lugar ao dó. Que pena! Havia sido sem querer.

- Vamos entrar. Está ventando muito aqui – convidou Paula.

A música enchia todo o ambiente do salão, ritmos que convidavam as garotas para dançar. Cláudia ia se sentar, quando avistou JC sentado em frente à pista de dança, sozinho, calado, em transe. Cláudia estranhou aquela cena, ela supunha que ele fosse querer disfarçar, que fosse mascarar seus sentimentos, tal como faria, mas ele parecia não se importar que seu coração magoado ficasse ali, pendurado como um artigo romântico de decoração. Mesmo assim, ela não conseguiu fazer diferente. Posicionaram-se bem em sua direção e começaram a dançar.

- Vá falar com ele, Cláudia! Vá falar com ele! – animou Valéria.

Talvez pudesse haver um jeito. Talvez ela pudesse seduzi-lo. Dançou. Dançou de forma provocante.

- Ele está olhando para você! – anunciou Paula, para garantir que a tonta percebesse desta vez.

Cláudia olhou para conferir. Ele estava mesmo olhando para ela, mas com aquele rosto tristonho, repetindo a expressão do dia fatídico. Mas não havia sinal de movimento da parte dele. Ela cansou de esperar e se aproximou:

- Vem dançar? – convidou-o, estendendo sua mão.

Como resposta, ele balançou a cabeça em negação. Ainda assim, não deixou de olhá-la. Ela virou as costas, sem jeito, e voltou a dançar. Quando olhou de novo, ele já não estava mais ali.

- Vou dar uma volta! – Afastando-se de suas amigas, foi procurá-lo.

Mas ele havia ido embora.

Esta foi a última vez que ela o viu.

"Quando eu fui ferido, vi tudo mudar das verdades que eu sabia. Só sobraram restos, e eu não esqueci toda aquela paz que eu tinha."
(Meu mundo e nada mais - Guilherme Arantes)

CRISTIANE PEIXOTO

Sequelas.

A vida sempre segue seu curso, apesar de tudo, apesar das sequelas. Na maioria das vezes, nem se tem consciência de que elas existem. É assustador olhar para dentro e conferir os estragos. Dói. O preço disso seria tomar-se de compaixão ou culpa.

Quem deixou esses bandidos entrarem aqui e destruírem tudo? Quem deixou a porta aberta? Quem foi o imbecil que caiu no conto da Chapeuzinho Vermelho? E a resposta só pode ser: fomos nós. "Fui eu" é a mais temida conclusão. Ainda que seja mais fácil culpar o outro, dizer que foi aquele estúpido garoto, ou talvez a escola, que não fizera nada em defesa da pobre menina, ou os pais, que não perceberam o que estava acontecendo, ou a Disney, com seu mundo mágico, cor-de-rosa, de beijos de amor verdadeiro. No fundo, há de se concluir, dolorosamente, que a "culpa" é nossa.

Incapaz de uma reflexão produtiva por inúmeros motivos, Cláudia permaneceu confortável na Terra do Nunca. Guerreando com ganchos e crocodilos, espiando janelas à luz do luar. Em parte, uma romântica sonhadora. Em parte, uma garota perdida com espada em punho. Ninguém mais entraria em seu quarto e destruiria seu coração, agora cercado de um muro feito de tristeza e lágrimas, para combater tristeza e lágrimas. Era o recomeço perfeito. Vestia o papel de vítima e isso lhe dava o direito de se defender da próxima vez. No entanto, faltava-lhe algo para que pudesse enxergar a verdade. Dizem que esse algo era sabedoria, conhecimento, maturidade. Não estou convencida disso. Acredito que lhe faltasse evolução.

Na verdade, sua sinceridade bastaria para resolver todo aquele problema. Se, desde a primeira vez, tivesse sido sincera sobre seus sentimentos, confessando ao garoto o que ele já sabia por outras bocas, nada daquilo teria acontecido. Toda a história depois de uma confissão tímida e assustada já tinha sido imaginada, por ela, inúmeras vezes, e mesmo que a fantasia e a realidade se confundissem em regiões vizinhas de seu cérebro, isso não bastou para impedir as sequelas da vida real. Foram quatro anos de oportunidades! Ela podia ter dito, mesmo durante uma briga, enquanto estivesse sendo chamada de ignorante, ridícula, feia e odiável:

- Eu também te amo! Vou esperar o dia em que você consiga dizer isso de uma maneira melhor. Eu te entendo, te amo e vou te esperar.

Ou...

- Perdoe-me. Sei que te magoei. Eu só estava assustada, era muito criança, não tive coragem. O que eu quero agora é beijar você. Eu desejo, mais do que tudo, um beijo seu.

Mas não. Resolveu dar-lhe seu desprezo, magoando-o ainda mais.

Para que cobrar as lágrimas, se o seu sorriso é tão barato? - Foi a frase que escreveu depois do dia fatídico dois, referindo-se à sua sede de vingança, de revanche, fazendo com que ele pagasse pelo seu sofrimento, quando no momento em que tinha a oportunidade de ser feliz, de realizar seu maior sonho, jogava-o no lixo. Foi sem querer. Sim, certamente. Repita isso em sua mente para sempre, que vai se sentir melhor. Ignore o fato de que jogara no lixo centenas de oportunidades de lhe dizer, simplesmente, a verdade. Você não foi capaz. Você foi orgulhosa.

Agora durma bem abraçadinha com seu orgulho. Dê-lhe seu beijo de boa-noite. E, claro, culpe o garoto. Ele foi cruel. Bem feito para ele!

Pensamentos inoportunos a faziam se sentir péssima, mas logo eram substituídos por uma irresistível pena de si mesma. Não assumir a responsabilidade pelos seus atos, pelos seus passos no caminho, jogar tudo nas costas do destino. Não era para ser...

Mas do que estamos falando, afinal? De uma porcaria de amor infantojuvenil? Quem perderia seu tempo numa droga dessas? Todo mundo tem alguma versão bem reducionista para falar desse tipo de amor:

Não é amor de verdade!

Não se pode amar de verdade nessa idade!

Xiiii... nem se sabe nada da vida!

É bobagem, paixão de adolescente. É por causa dos hormônios.

Isso passa!

Mas eu gostaria de saber, por que ninguém esquece? Pergunte a qualquer um. Pergunte a si mesmo. Já ouvi que a gente não tem defesas nesta idade, um coração zero quilômetro, desavisado, é capaz de sentir com pureza e intensidade. Mas depois vamos ficando "calejados" e nos protegemos mais destas tolices. Fica mais difícil, para o lobo mau, pegar a Chapeuzinho. A cesta de maçãs dá lugar a armas poderosas. E toda história recomeça deste ponto.

"Ah, coração, esquece esse medo de amar de novo..."
(Começo, meio e fim - Roupa Nova)

Solidão. É meia-noite e meia, e Cláudia não consegue dormir. A garota de sono disciplinado, agora não pode parar de ouvir os sons de seus pensamentos desobedientes. O pior deles, o medo de ver os dias passarem como água embaixo das pontes, e nada de concluir a organização de seu grupo de dança da igreja. Pensa que, já que era uma dança para a igreja, Deus bem que poderia dar uma forcinha na adesão de participantes. Revirava sua mente em busca de algum nome para ser seu par, alguém num passado próximo ou distante, que poderia substituir o temido, sonhado e, agora, abstrato JC. Nada. Ninguém. Vencida pelo cansaço, adormeceu e nem teve sonho algum.

- Alice, não sei o que fazer, já temos pouco tempo e preciso arrumar um par! O que faço? - E foi quase a primeira conversa do dia seguinte.

- Hum... bem, eu posso perguntar ao Quinho se ele tem algum amigo que pudesse ser o noivo.

Joaquim era um grande amigo de Alice. Todos o chamavam de Quinho, exceto sua mãe. Moravam muito próximos e estudavam no mesmo colégio. Ele não fazia parte do grupo de jovens da igreja, mas aceitou, com entusiasmo, ser parceiro de Alice na Quadrilha. Quem não gosta de Festas Juninas?, foi sua resposta.

A PORTA SECRETA DO AMOR

- Você acha que o Pedro toparia ser o noivo? – perguntou Alice, referindo-se ao melhor amigo de Quinho, um garoto que ingressara no colégio no ano anterior, com quem Alice teve pouco contato.

- Não sei... seria melhor se vocês perguntassem, diretamente, a ele! Por que você não combina com a Cláudia um dia desses, na saída do colégio? Aí a gente se conhece, e vocês já convidam o Pedro! – sugeriu Quinho.

Alice achou a ideia ótima. Além de conhecer Pedro e convidá-lo para a dança, Cláudia também poderia conhecer Quinho.

No dia combinado, Cláudia procurou por Alice no portão do colégio, costurando seu olhar entre dezenas de adolescentes que saíam, apressados e famintos, para seu descanso merecido. Encontrou a amiga sorridente, pois, finalmente, a ajudaria a solucionar um problemão, esperava.

- Que pena, Quinho não pôde vir hoje, pegou uma gripe daquelas! Vamos procurar Pedro, eu já disse a ele que te apresentaria – anunciou Alice.

- Você já falou sobre a festa, a dança, ser o noivinho e tudo mais? – indagou, ansiosa.

- Não! Só disse para ele esperar na saída do colégio que eu tinha uma amiga que queria convidá-lo para um lance. Ele disse que tudo bem! – concluiu. – Vem, lá está ele.

Ao avistar Pedro, Alice puxou Cláudia pelo braço. Ficaram frente a frente.

- Pedro, esta é a Cláudia! Cláudia, este é Pedro. – apresentou-os, desajeitadamente.

- Oi, Cláudia! – E foi a primeira vez que ela ouviu sua voz.

A primeira vez que a gente ouve a voz de alguém não costuma ser um fato memorável. Neste caso, especificamente, foi. O tom das (profundas) palavras de Pedro, "Oi, Cláudia!", era o de alguém que a conhecia e sentia muito sua falta. Sem que ela soubesse, estava diante de uma porta, pela primeira vez. Por esta porta, podia enxergar um velho amigo no olhar do completo desconhecido, a quem estava prestes a convidar para ser seu par, em uma dança maluca, dali a alguns meses, com sorte. Esse olhar... Pedro sorriu. Há trinta e dois dentes permanentes em nossa arcada dentária, e nenhuma vez a exposição de alguns deles, incluindo um canino lateralizado, provocou tamanha felicidade. Fisicamente, Pedro era mais bonito do que ela poderia esperar, considerando que estava cumprindo um papel de "tapa buraco" em um lance juvenil. Esse sorriso... Alice interrompeu o silêncio constrangedor, adiantando o convite.

- Então, Pedro, a Cláudia está organizando a Quadrilha da Festa Junina da nossa igreja, neste ano, e vai ser a noivinha, mas ainda está sem par. Você topa dançar com ela?

Pedro pareceu ouvir, pois assentiu, sorrindo, no momento em que a tagarela finalizara a pergunta, sem desviar-lhe o olhar. No entanto, Cláudia não deixou de notar que eles pareciam estar em um tipo de bolha, isolados dos ruídos do ambiente, e do verdadeiro sentido de convites perigosos que demandariam tempo, esforço e coragem.

- Bem... então poderíamos iniciar os ensaios? Já estou combinando com a turma na minha casa aos sábados à tarde, a partir da semana que vem. Você consegue? – complementou Cláudia, tentando sair do "transe" e trazer a questão aos termos práticos.

- Só que eu vou viajar nesta semana, retorno daqui a um mês, mas quando eu voltar, posso ir sim. Não tem problema? – disse Pedro.

- Não, claro – mentiu. Na verdade, a coreografia de Cláudia era bem mais difícil para os noivos do que para o resto do grupo, e demandaria mais ensaios, não um mês menos. Mas nem passou pela sua cabeça a ideia de procurar outro rapaz. – Assim que voltar, nos falamos.

- Os ensaios serão na sua casa? Onde você mora? – perguntou Pedro.

- Aqui pertinho, três ruas para baixo, perto da padaria da curva, que fechou – explicou Cláudia.

- Não acredito! Eu também! Moro num sobrado na calçada da padaria! Onde é sua casa?

- Fica na outra parte da rua, do mesmo lado! Que coincidência! Em que número?

A PORTA SECRETA DO AMOR

- Quatrocentos e vinte.
- Bem... então vai ficar fácil! Nos falamos depois da sua viagem – concluiu, trocaram telefones e despediram-se. – Tchau!
- Tchau.

Alice estava impressionada. Eles pareceram ter uma afinidade muito grande, e todas aquelas coincidências...

- Caramba! Nem acredito que deu tudo certo! Parabéns, Cláudia, problema resolvido!
- Verdade! Obrigada! – Mas estava pensativa demais para agradecer, adequadamente, à amiga. Um mês... parecia muito tempo!

Muitas coisas assumiram o controle dos pensamentos de Cláudia, bem mais do que a ausência de um par, pouco tempo antes. O olhar, o sorriso... a coincidência do endereço... a familiaridade... a estranha saudade... A saudade que ela já tinha de alguém que ela não conhecia. Mas havia um fato perturbando ainda mais que isso tudo: Quatrocentos e vinte. Repetia o tal número para não esquecer. Foi até lá, só para ter certeza.

Entrou naquela rua comprida, no formato de um meio círculo. Era cortada por uma pequena avenida no meio. Na esquina, havia a padaria, falida há alguns anos. Tinha sido uma grande padaria, cujo dono morrera. Ninguém mais soube fazer pães como aquele velho português. Cláudia morava numa casa no lado par da rua também, só que antes da avenida, e atravessava para o outro lado todos os dias para pegar o ônibus para a escola. O ponto ficava quase em frente aos três sobrados, os mais bonitos do pedaço. O mais bonito era o primeiro, coberto de granito preto na fachada e portões de alumínio. O terceiro parecia maior, mas o do meio, de alguma forma, atraía sua atenção. Ficava sentada no ponto de ônibus olhando o sobrado, perdida em pensamentos... Quem será que mora neste lugar? Se eu tocasse a campainha, quem será que viria atender à porta? Imaginava as pessoas que moravam ali, os cômodos do lado de dentro, sempre observando para ver se alguém chegaria, sairia, ou apareceria no terraço. Tinha uma vontade esquisita de ir lá e tocar a campainha. Dia após dia, mês após mês, ano após ano. "Vá e toque a campainha!", dizia uma voz dentro de sua cabeça. Isso é loucura! E em resposta a um ímpeto tão persistente quanto misterioso, não ia. Nunca fora. Apesar disso, dessa inexplicável fixação, não sabia o número daquela casa. Não pode ser! Seria coincidência demais, pensou, ao passar em frente às ruínas da padaria, poucos metros antes daquele lugar.

Parou em frente ao sobrado, pisando naquela calçada, pela primeira vez. Olhou a placa e sentiu o mundo girar, quatrocentas e vinte vezes! Quatrocentos e vinte. Ela agora conhecia aquela pessoa que desejava conhecer, tanto tempo antes, mesmo sem nunca ter tocado aquela campainha. Ele foi parar na escola do amigo de sua amiga da igreja onde frequentava. Explicação? Não encontrou nenhuma. É apenas uma coincidência. Ingenuamente, convenceu-se usando o termo "coincidência" da mesma forma equivocada que muita gente usa, como se fosse sinônimo de acaso, quando a palavra se refere ao mais alto grau da manifestação de "sincronicidade", eventos que coincidem, estão no lugar certo, na hora certa. Mas deu de ombros, deu as costas e voltou para casa.

Imediatamente, foi hipnotizada pelo alarme inaudível de seu inconsciente: Perigo! Deixe as janelas e fuja, Peter Pan! Distraiu-se com suas tarefas escolares e com a ocupação imensa na organização do evento, com eficácia. Não permitia pensamentos ousados: Por quê? Como? eram perguntas sem expectativa de respostas. Foco!

O primeiro sábado de ensaios foi logo no fim daquela semana. Ainda tinham poucos casais participando e, para que os desenhos da coreografia ficassem bonitos, precisaria conseguir mais quatro casais, ao menos. Ana, mãe de Cláudia, estava ajudando muito, preparou torta salgada, bolo, suco e bolinhos de chuva para um belo lanche da tarde, ao final do ensaio. Ansiedade por conhecer pessoas novas e por começar a ver seu trabalho estruturado, tomando forma nos movimentos de seus novos amigos. Tomara que os movimentos fiquem tão legais na prática quanto na teoria, pensava, tendo consciência de que desenhara tudo matematicamente perfeito, no papel, mas que nunca havia testado.

- Cláudia, este é o Quinho! – apresentou Alice.

- Por fim, nos conhecemos, hã? – brincou, puxando-o para um tímido abraço. – Você está melhor? – referindo-se à tremenda gripe.

- Sim! Ainda falta um pouco para me tornar o "Homem de Aço", mas estou no caminho! – brincou Quinho.

Entre risadas, Cláudia conduziu seus amigos para o pequeno salão improvisado, nos fundos de sua casa. Alice chegara pontualmente, como uma boa melhor amiga. Sentaram para uma animada conversa, quebrando o gelo até que chegassem os outros casais. Quinho era bonito, extrovertido, engraçado. Era difícil não olhar para sua boca enquanto ele falava mascando um chiclete, descaradamente. Até que não parecia tão baixinho, olhando de perto.

- Então você ficou encarregada da missão impossível deste ano? – Quinho puxou o assunto.

- Missão impossível? Por quê? – indagou Cláudia.

- Não enche a cabeça dela, Quinho! Ela nem vai dormir esta noite se você vier com suas conversas! – preveniu Alice.

- Ela precisa saber! Vocês não disseram a ela? – aumentando o ar de suspense.

- Fala, Quinho! Agora fala ou então eu vou lá dentro e coloco uma bolsa de gelo na sua cabeça! – brincou Cláudia.

- É que todo ano, ao final da Quadrilha, as pessoas dão uma nota para o número, se for acima de 70% de aceitação, a pessoa organiza o ano seguinte. É isso – anunciou Alice, preocupada. Ela sabia que Cláudia odiava pressão.

- Que joia então! E quando é que eu saberia disso?

- Eu pensei que você não fosse aceitar, se soubesse... – Alice estava desconfortável.

- Mas desencana, gata. É impossível agradar à classe clerical e às beatas. Por isso, todo ano é um novato que assume a função. – E tentando aliviar a tensão que se fez, Quinho a aumentou, com seu jeito de falar despojado e articulado ao mesmo tempo.

- É mesmo, Cláudia! Sossega que não é nada demais! – amornou Alice.

- Ainda bem que não estamos mais na Inquisição, não é mesmo? – Cláudia tentou um humor assombrado por seus fantasmas de rejeição.

Por falar em rejeição...

- Quem confirmou que vem hoje? – perguntou Alice, mudando de assunto, para pior.

- Só o Eduardo e a Tatiana não vão poder, os outros confirmaram. – Olhando em seu relógio, meia hora atrasados.

- Eu não acredito que o Pedro topou dançar. Ele sabe que vai ser o noivo? – indagou Quinho, lançando Cláudia de vez em uma espécie de fogueira.

- Sim – respondeu, sem graça.

- Acho que ele não leva jeito para isso... mas, enfim. Boa sorte! – completou, irônico.

- Vocês são amigos há bastante tempo? – perguntou Cláudia.

- Não. Mas parece que crescemos juntos, saca? Ele é meu brother! O irmão que eu não tenho.

- Hum... Vocês querem suco de maracujá? Minha mãe fez com fruta natural!

- Claro! – levantou-se Alice.

- Vamos até a cozinha!

Cláudia conduziu seus amigos à cozinha. Sua mãe tinha saído e deixara tudo pronto. Abriu a geladeira, visualizou a jarra, puxou uma travessa e...

- Cláudia!!!! – gritou Alice.

- Não acredito... – lamentou, enquanto todo o conteúdo da jarra se espalhava no chão, sinalizando que o caimento do piso estava perfeitamente direcionado para a sala de jantar, e que o filamento "atrapalhada" ainda estava presente em seu DNA.

Aqueles segundos de silêncio que se seguem quando alguém faz uma meleca dessas foram interrompidos pelo som da campainha.

A PORTA SECRETA DO AMOR

- Alice, vá abrir o portão para mim, por favor, enquanto vou buscar um balde e um pano! Que pena... sinta esse cheiro de maracujá! O suco devia estar maravilhoso!

- Pena mesmo! – disse Quinho, ilhado pelo cítrico líquido amarelo.

- Com licença! – dizia um coro de vozes, flagrando Cláudia de joelhos, passando um pano no piso encharcado. Ela levantou o olhar, desajeitada.

- Oi, gente! Desculpem o mau jeito... eu tive um acidente por aqui! Esperem eu secar, aí vocês poderão passar. – E foi como conheceu seus novos amigos, por fim.

Apesar de um início pouco convencional, ela assumiu, minutos depois, o papel de treinadora. Começou sua batalha para ensinar os movimentos aos casais, que pareciam se enroscar mais do que o necessário, transformando em um emaranhado amorfo a equação matemática que havia em seu plano mental.

- Dê-me suas mãos! Vamos comigo, pise com a direita, pise com a esquerda, com a direita, com a esquer... pare, pare. Vamos recomeçar. Preste atenção. – Tentava conduzir o pior dos garotos, o coitadinho deve ter nascido com duas pernas esquerdas terminadas com patas de ornitorrinco.

Havia pouco espaço, eles tiveram de improvisar, revezar, mentalizar. Ao final do ensaio, comeram todos os quitutes de Ana, satisfeitos.

No sábado seguinte, foi a mesma história, exceto pelo maracujá, graças a Deus.

- Gata, esta coreografia está muito massa! – animava Quinho. – Você que montou tudo?

Os amigos de suas colegas pareciam gostar daqueles encontros, apesar do trabalhão e do esforço físico, nitidamente acentuado para alguns jovens "nerds". Definitivamente, não era um grupo fácil de coreografar. Quinho e Alice se destacavam, levavam jeito, eram o casal favorito de Cláudia, na dança. No quarto ensaio, finalmente, conseguiu terminar a coreografia, ainda tinha bastante tempo para treinar até o grande dia. Sem perceber, um mês havia se passado.

- Alô, Pedro? Tudo bem? Fez boa viagem? – cumpriu uma tarefa de sua lista, na data certa do calendário.

- Oi, Clá! Tudo ótimo! E com você? – Cláudia não pôde deixar de notar o carinho que sentiu ao ouvir uma simples abreviação de seu nome. Foco! Continuou...

- Tudo ótimo, também. Você acha que consegue vir ensaiar neste sábado?

- Claro! Que horas?

- Nossos ensaios estão sendo às quinze horas, mas eu estava pensando se você não pode vir mais cedo, tenho que te ensinar a parte do conjunto e a parte do casamento, você sabe... – Sentiu uma ponta de insegurança. Será que não seria trabalho demais?

- Sim, sem problemas! Às treze horas está bom?

- Sim, está ótimo. Te espero então. Beijos.

Sábado. Expectativa. O garoto do sobrado misterioso tocaria sua campainha, afinal. "Se Maomé não vai à montanha...". Quem diria? Isso é incrível! Repassava, mentalmente, a sequência de passos planejada. Haveria uma pequena representação do "casório", seguida de um conhecido forró, de Luiz Gonzaga, para inovar os sons tradicionais do acordeom da Quadrilha.

Toca a campainha e seu coração dispara! Ela abre o portão. Ele sobe as escadas como se já fosse de casa e lhe dá um abraço. Ela se esquiva um pouco, não deseja que ele sinta as batidas de seu coração, que agora parecem martelar seu osso esterno.

- Vamos, ensaiaremos ali. – Conduziu-o com poucas palavras, já que estava também ofegante. Usava sua sandalinha de dança, recém-comprada. Relatou os acontecimentos dos primeiros ensaios, colocando-o a par, com exceção, claro, do maracujá acidentado.

Explicou o roteiro da apresentação deles, pulando para a parte em que iniciariam o forró.

- Você sabia que o forró vem do termo inglês for all, que quer dizer "para todos"! Eram festas, farras que aconteciam e os estrangeiros chamavam de *for all*, e os brasileiros foram chamando de

A PORTA SECRETA DO AMOR

forró... Engraçado, não?! – Cláudia ia desviando a atenção de sua tensão, sentia como se seu desconforto estivesse estampado em sua testa, tagarelando tolices sem conseguir tocá-lo nem iniciar os passos, já praticados ao lado dele, na teoria.

Estavam frente a frente. Olhando-se. Pedro sorria. Passou o braço direito por sua cintura. Buscou sua mão ao lado do quadril e a ergueu até a linha de seu peito. Mais de perto, os olhos dele pareciam profundos, claros (apesar de castanhos), brilhantes, inseguros. Era a primeira vez que sentia um antebraço em seu corpo, que não fosse arremessado contra o topo de sua cabeça, e era assustador.

Começaram os movimentos.

> *"Mas o dotô nem examina, chamando o pai de lado, lhe diz logo em surdina, que o mal é da idade, e que pra tal menina, não há um só remédio em toda medicina."*

Na teoria, uma boa coreografia. Na prática, eles estavam muito desajeitados. Ele não estava familiarizado com o ritmo, demonstrando não ter habilidade alguma. Bem que Quinho avisou. Ela, apesar da habilidade, parecia ter recuperado suas pernas de pau, sem conseguir se equilibrar sobre o salto da sandália. Porcaria de sandália, salto mole! Irritou-se, balançando o salto de um lado para o outro para ver se tinha descolado.

Foi desconfortável, intimidador e envolvente, e eles conseguiram passar por isso até que chegou o horário dos colegas chegarem.

- Fala, "Mané"! – Quinho cumprimentou seu amigo recém-chegado de viagem.

- E aí, meu! – batendo as mãos, Pedro saudou-o.

Cláudia deixou os amigos conversarem enquanto ia abrir o portão para mais amigos. Pela primeira vez na vida, sua casa estava rodeada deles!

- Pedro, sente-se ali para assistir ao grupo, depois ensaiamos juntos. – Indicou-lhe uma cadeira, depois que todos tinham chegado.

Era muito mais fácil conduzir a turma agora, depois de ensiná-los toda a sequência, e depois de ter sido roubada de sua zona de conforto pela euforia na presença de Pedro. Aos poucos, ela foi lhe ensinando os movimentos da dança em grupo. Ele se esforçou para aprender. Cláudia estava infinitamente feliz, apesar de ter de aposentar aquela porcaria de sandália!

Último ensaio. Paula tinha conseguido arrumar mais dois casais para compor o grupo. Não era exatamente o que Cláudia esperava, mas dadas as circunstâncias, estava mais do que bom. Estes guerreiros dois casais tiveram de aprender, em uma tarde, tudo o que a turma havia praticado nos últimos dois meses.

O trabalho que dera ensaiá-los não foi nada comparado ao restante do grupo, era muito mais fácil seguir a correnteza.

- Vamos passar, uma última vez, só vocês! – anunciou Cláudia, cansada daquele forrobodó no seu ouvido, louca pela hora do lanche e da conversa descontraída, indicando, mais uma vez, a cadeira de espectador a Pedro.

Quase terminando a música, Pedro se levantou correndo, costurou o espaço entre os casais espremidos no salão improvisado, pegou Cláudia de cima da cadeira de onde enxergava melhor, girando-a no ar.

- Aaahhhhh Pedro!!! – gritou, surpresa. Ele a soltou e a abraçou, daquele jeito que só ele sabia.

Um mês ensaiando com ele havia sido suficiente para ela conhecer bem seu abraço. Eram dois preciosos abraços a cada ensaio, um na chegada, outro na despedida. Ela cabia dentro daquele abraço. Ele encaixava seu rosto sobre os ombros dela, passava os dois braços por trás das costas e dava a impressão de torcer seus antebraços, pois a esmagava, com intensidade e delicadeza, ao mesmo tempo. E não se apressava em soltá-la. Parecia não se constranger com os segundos que passavam, despercebidos, naquele momento. Nada comum. Nada que conhecesse antes. Antebraços muito bem-vindos, devia dizer.

- Você combinou muito bem com o Pedro, já notou isso? – comentou Alice.

A PORTA SECRETA DO AMOR

- Que bom! – E mudou de assunto.
- Parece que o Pedro gostou muito da ideia de participar, estou surpreso! – comentou Quinho, em uma outra oportunidade.
- Que bom! – E mudou de assunto.

Mas, naquele último ensaio, a dança foi interrompida pelos giros perigosos de Cláudia, suspensa no ar pela força dos antebraços de Pedro. Ela ficou corada ao tocar os pés no chão, já com suas sandálias novas, mas que apresentavam o mesmo defeito. É essa porcaria de marca! Não prestam. Entre risadas e olhares estranhos, foram tomar lanche.

A turma já estava pronta para o grande dia. Cada moça conseguiu seu próprio vestido, preparou os adereços de cabelo e tudo mais. Os rapazes providenciaram chapéus, camisas xadrez e retalhos. A única coisa que pairava no ar, entretanto, era uma antecipada nostalgia pelos já saudosos dias de risadas, tropeços e maracujás esparramados que viveram juntos. Cláudia estava ansiosa pelo resultado do trabalho, mas despediu-se de todos com tristeza. Para ela, aquele período havia sido muito especial.

"Sinto tanta insegurança, quando pego tua mão e te conduzo à pista de dança. Quando a música acaba, algo em seus olhos me remete a uma tela prateada, e tudo é triste despedida. (...) Deveria saber que não se deve enganar um amigo, e desperdiçar a chance que tive. Então nunca mais dançarei de novo, do jeito que dancei com você."
(Tradução de Careless Whisper – George Michael)

- Nossa, você está horrível! – disse Pedro assim que a viu, vestida de noiva caipira.

Apesar de saber que ele estava se referindo aos retalhos, à maquiagem forçada e a toda caracterização estereotipada da Festa Junina, Cláudia estremeceu. Não é possível, de novo?! Teve aquele calafrio que a gente tem quando é exposto a agentes traumáticos ou alergênicos.

- Você também não está nada elegante! – revidou, brincando.
- Cláudia!!! – Correu Alice ao seu encontro, arrastando Quinho pela mão.
- Nossa, me deu um branco! Não me lembro dos passos! E agora? – disse Quinho.
- Nada de brincadeira, Quinho, ou ela terá um ataque! – disse Alice, dando-lhe um tapão nas costas.

E cada casal que ia chegando enchia Cláudia de satisfação. Conversas animadas se seguiram, até que o organizador da festa pediu a reunião dos casais.

- Começaremos em trinta minutos, tudo bem? – perguntou.

A PORTA SECRETA DO AMOR

- Claro! – Em seguida, reuniu seus amigos no ponto de encontro. – Pessoal, não esqueçam, estamos em um local diferente do que ensaiamos, não deixem espaços vazios, respeitem as distâncias equivalentes entre os casais! – dando sua última orientação, em um tom de súplica.

Os noivos estavam na linha de frente. Deveriam esperar um sinal do organizador para iniciarem sua encenação. Em meio à expectativa, Cláudia percebeu-se de mãos dadas com Pedro, quando ele a apertou mais forte contra sua perna. O mestre de cerimônias, embora nada formal, deveria anunciar a Quadrilha conforme o roteiro detalha-do que Cláudia deixara, dias antes. Explicou-lhe, verbalmente, inclusive, caso ele tivesse dificuldade em interpretá-lo: Interrompa a música – chame a atenção do público – anuncie a Quadrilha – espere o noivo entrar – anuncie a noiva – espere o noivo ir ao encontro dela – solte a música. Simples. Pedro deveria ser o primeiro, entrando sozinho no espaço vazio e silencioso. No momento exato em que percebeu sua "deixa", Cláudia desgrudou sua mão da dele e disse:

- Vá, boa sorte!

Imediatamente, o mestre de cerimônias anunciou:

- Senhoras e senhores, com vocês, a noiva da tarde!!! – seguido de fortes aplausos.

Pedro recuou num pulo, quase se escondendo atrás de Cláudia. Olharam-se, em pânico! Por trás deles, jovens compuseram uma pintura coletiva ao estilo "O Grito", com variações entre mãos nos olhos, na boca, na testa, no peito, bocas abertas, dentes cerrados, cenhos franzidos. Nenhum som, apenas lábios gesticulando frases nada auspiciosas "F....!!!!" "M.....!!!!!".

- Vá, não tem jeito... vá! – disse Cláudia, planejando o enforcamento do mestre de cerimônias no final da apresentação.

Assim que os aplausos ficaram mais fracos, quase parando, "a noiva" surgiu, com sua barbicha por fazer, paletó remendado e gravata nada discreta. O público silenciou, exceto por um "Fshhh" declarado em coro, como o de uma plateia que assiste ao palhaço levando uma paulada na cabeça. O acéfalo na mesa de controle soltou o som, e a noiva verdadeira correu ao encontro de seu par, iniciando os passos. Nem sentiu aquela dança. Estava frustrada por ter tido tanto trabalho em ensaiar seu teatro, para que fosse cortado de forma tão escandalosa. Quando o acordeom anunciou a entrada dos casais, todos já estavam embalados num ritmo leve e familiar, o clima era de celebração e amizade. O público aplaudiu e pediu bis! Dançaram de novo. Poderiam dançar a tarde inteira. As últimas notas tocaram tristes no coração de Cláudia, que sentiu aquele laço bonito com seus colegas se dissipar junto com o som, que deu espaço ao silêncio e ao vazio. Sentiu-se triste, mas aquela era uma festa e seus amigos estavam muito satisfeitos.

- Parabéns, Cláudia! Foi maravilhoso! – gritou Alice.

Essa foi a fala de muitos, entre amigos e espectadores. Mas os elogios vagavam soltos ao entardecer, sem importância. Ela queria saber onde ele estava. Conversando com Quinho. Agora com Alice. Agora com duas moças desconhecidas. Agora numa roda de amigos. Cláudia observava tudo, enquanto dançava um forró com Eduardo. Depois com Renato. Distraiu-se. Deixe de bobagens!

- Dança comigo? – convidou Pedro, estendendo sua mão.

Ela sorriu, aproximou-se. O antebraço dele garantiu uma proximidade inédita, livre da pressão dos passos programados e da expectativa. Seu braço direito ficou preso entre os dois ombros, seu rosto sentiu a textura de uma barba por fazer. Que essa música não acabe, foi seu único pedido, que a propósito, de alguma forma, foi atendido. A ausência total de pensamento abriu espaço para o sentir. Um verbo não tão comum quanto se poderia pensar. Coração pulsando, massageando o peito dela junto ao dele. Uma vibração de energia pura, correndo solta por cada célula, distribuindo alegria por todo canto. A respiração ofegante, vapores deixados próximos à costeleta falsa, como um beijo. O tempo parou, o vácuo sugou os ruídos do ambiente, a conexão os permitia flutuar em algum tipo de bolha cósmica. Batiam à porta quatro amigos intrometidos: Alice, Quinho, Renato e Tatiana.

A PORTA SECRETA DO AMOR

- Desgrudem! Desgrudem! Puxa com força, Renato! – gritou Quinho, enquanto os quatro amigos puxavam os dois pela cintura.

Na urgência de não se soltarem, agarraram-se com mais força, vencendo a correnteza que os puxava, dois contra um, em uma brincadeira nada bem-vinda. Rapidamente, os amigos desistiram e a música estendeu um pouco mais o frenesi a que Cláudia se entregou, sem reservas, apesar da porcaria de sandália.

A música acabou. Abraçaram-se com mais força, ele parecia não se importar em demorar um pouco mais naquele laço. Ela se afastou, olhou-o nos olhos, sorriu. Foi então que percebeu. Não havia nada de errado com suas sandálias! Era o tremor nos tornozelos, que ressonava em seu corpo todo, uma vibração desconcertante. Fuja. Foi seu pensamento número um, depois de ter passado minutos (eternos) na Terra do Sempre. Virou o rosto e foi procurar Alice.

- Foi bom, não é? – Cláudia puxou assunto com a amiga.

Alice permaneceu olhando para ela, curiosa.

- Bom o quê? – indagou, com sarcasmo.

- A nossa dança! Apesar daquele tropeço ridículo...

Alice riu.

- Vai ficar para sempre na memória! Ao menos na do Pedro! – completou ela.

- Ele acabou se dando mal nesta história, não foi? – riu Cláudia.

- Não sei... me diga você! – abrindo brechas para confissões misteriosas, que não vieram.

- Vamos comer arroz-doce!

"Sentindo o frio em minha alma, te convidei para dançar. A tua voz me acalmava, são dois pra lá, dois pra cá..."
(Dois pra lá, dois pra cá – Aldir Blanc e João Bosco)

- Cláudia, você aceita dançar na minha festa de quinze anos? – convidou Tatiana.

Tatiana era a irmã caçula de Paula. Como melhores amigas na escola, Cláudia havia dormido na casa de Paula inúmeras vezes, e vice-versa. Acabaram fazendo tudo juntas, teatro, dança, trabalhos escolares. Disputavam a vaga de última e penúltima a serem chamadas para o time, nas aulas de Educação Física: Cláudia, por ser descoordenada, Paula, por ser gordinha e vagarosa.

A única coisa que Paula não acompanhou a amiga era na turma da igreja, embora tivesse prestigiado sua performance na Festa Junina. Tatiana estava debutando, em grande estilo. Uma festa de arromba! Faria o cerimonial da tradição, com direito a valsa, quinze casais, quinze velas, vestido de tafetá, aquela porcaria toda! O problema, lógico, era conseguir os quinze casais! Drama pelo qual Cláudia havia passado há pouco tempo, com a Quadrilha. Justamente por isso, foi fácil colocar-se no lugar dela e sentir que deveria, por compaixão, cooperar com a menina.

A PORTA SECRETA DO AMOR

- Claro, Tati. Será um prazer! – mentiu. Na verdade, estava preocupada com um detalhe, o de sempre: quem seria seu par?

- Você consegue convidar um garoto para dançar com você? – e veio a pergunta bombástica!

- Hum... Arrr... sim! Fique tranquila! – gaguejou, perdendo, totalmente, sua tranquilidade.

E ela que pensava estar com a missão suicida de "arrumar um par" cumprida para sempre...

Antes mesmo que começasse a ter pesadelos horrendos com dúzias de meninos, em fila, para atirar-lhe tomates, dando-lhe "braçadas" e xingando-a de horrorosa, Tatiana telefonou, novamente:

- Cláudia, não precisa arrumar um par, eu convidei o Pedro e ele disse que só topa se for para dançar com você!

- Ah... bem... então está feito! Obrigada, Tati. Um beijo. – Desligou, desmaiando.

Não parecia o tipo de situação que fosse fácil de contornar, uma vez que dera sua palavra à menina e que teria de lutar contra um gigante ameaçador para evitar dançar, novamente, com Pedro: sua própria vontade. Além disso, eles, agora, formavam o casal favorito das fofocas juvenis. Comentários já estavam circulando, livremente, ainda que longe de seu conhecimento.

Como dar "dois pra lá e dois pra cá" era tarefa simples, até para um "perna de pau", ninguém precisou ensaiar os jovens pernetas. Apenas um ensaio, na casa da Tatiana, para marcar a posição dos casais, a entrada e a saída, mas Pedro não pôde comparecer.

- Você me explica depois! Você é uma boa professora... – brincou Pedro por telefone.

No dia do aniversário, Cláudia estava com seu traje de noite alugado, com uma estranha expectativa. Inquieta, não conseguiu aproveitar a festa e as conversas animadas com velhos amigos, incluindo seus novos amigos, Quinho e Alice. Pedro estava enturmado. Ria, brincava, divertia-se como ela não poderia. Estava ansiosa demais pelo momento de dançar com ele sobre saltos supostamente imprestáveis. Sentia-se tola, vulnerável, Pedro a fazia sentir desajeitada como nenhum maracujá ou bola, na face da Terra, seriam capazes!

A organizadora da festa começou a chamar os jovens para a concentração, no andar de baixo do salão. Em poucos minutos, estavam todos lá. Cláudia avistou Pedro, que parecia estar num assunto sem fim com Quinho. Na hora de subirem as escadas para o salão principal, Pedro estendeu o braço:

- Vamos? – Olhando-a de lado, com um sorriso meigo, no canto da boca.

Ela apenas sorriu, em resposta.

- Será que eu sei dar "dois pra lá e dois pra cá"? – Ele parecia estar ansioso.

Ela riu. Pensava que aquilo era simples demais para alguém que passara por situações desconfortáveis encenando a pseudo-noiva, com direito a forró e baião. Ainda assim, ele estava tenso. Tentar fazer suas pernas seguirem um ritmo, fosse qual fosse, não era exatamente uma habilidade disponível para Pedro. Mas ele se saiu muito bem, o suficiente para, bem... você sabe, "dois pra lá e dois pra cá". Cláudia estava congelada. Mal sentia os próprios pés, muito menos seus saltos sob eles. Suas mãos estavam frias, anunciando o inverno em seu coração.

A próxima coisa que Cláudia percebeu foi o início do baile e a dança animada dos amigos na pista. Da dança animada às canções românticas, enchendo moças e rapazes de expectativa. Sentada, sem compreender um turbilhão de sentimentos, ela o viu tirando uma moça para dançar. Quem é essa garota? Dançaram coladinhos uma música de dar sono, tirando, completamente, o sono de Cláudia.

Sentiu ciúme! Um ciúme muito diferente do que sentia por JC. Desta vez, era repleto de pânico, angústia, um aperto no peito que disparava ondas audíveis de adrenalina nos vasos sanguíneos, um colapso emocional. A adrenalina corria ardente, descarada, fazendo seus braços e pernas entorpecerem. O que diabo está acontecendo?!

A PORTA SECRETA DO AMOR

Mal podia pensar, debatendo-se numa arrebentação digna de Mavericks (praia conhecida por suas ondas de mais de vinte metros). Eu quero sair daqui! Eu quero sair daqui! Pensava, enquanto esperava pelo momento de ele beijá-la.

- Cláudia, quer dar uma volta? – Alexandre, primo de Paula, irrompeu a erupção vulcânica.

Cláudia nem respondeu. Levantou-se da cadeira, como se o assento tivesse explodido sob seus quadris, tocou na mão estendida do colega e puxou-o escadaria abaixo.

Sem saber, o coitado estava a apenas alguns degraus de ser violentado por seu pequeno coquetel de emoções. Atirou-o contra a parede e o beijou, furiosa. Beijou-lhe com a sede de quem chega do deserto, com a raiva de quem apanhou sem chance de defesa, com a força de um capitão cuja mão fora engolida pelo crocodilo da falta de atitude. Percebeu o tanto de fôlego que ainda lhe restava, ah... aquele pobre coitado! Meia hora depois, sentiu-se melhor. Pensou naquela atitude exasperada e teve vergonha de soltar o rapaz. O que será que ele diria, assim que tivesse chance? Era melhor não descobrir. Manteve sua boca ocupada, beijando-o com mais suavidade, agora que já nem podia sentir exatamente seus lábios, abrasados pelos resquícios de barba deixadas na pele pela lâmina usada, horas antes. Uma hora depois, quase não ouvia mais barulho vindo do salão. Agora, sentia-se péssima. Mesmo assim, desgrudou-se do rapaz, movendo seus lábios ardidos e dormentes para dizer-lhe:

- Vamos subir?

O garoto nem respondeu. Ela subiu as escadas na frente, sem tocá-lo. Assim que entraram, os amigos gritaram, em coro:

- Aêeeeee!

Cláudia ouviu uma voz masculina dizer ao Alexandre:

- Se deu bem, hein! – Dando-lhe um tapão nas costas.

Pedro não estava mais lá. Ele foi embora enquanto ela estava resolvendo questões fundamentais, com dignidade e coerência. Será que ele me viu? Preocupou-se, mas ficou sem saber.

- Está tudo bem, Cláudia? – perguntou Paula, com estranheza.

- Sim! Por quê? Perdi alguma coisa? – desejando saber como tinha terminado a música que não parava de tocar em sua mente.

- Pelo jeito, não!

Bela festa. Péssimas lembranças. Desejo de nunca mais sentir-se daquela forma. Estava diante, pela primeira vez, de um medo colossal. Medo de encarar Pedro, novamente.

Se analisarmos sua atitude, não poderia ser mais sofrível. Por que uma garota beija um garoto desejando beijar outro? Que coerência poderia ser encontrada nisso? Essa foi, sem dúvida, mais uma nota vermelha na disciplina "emoções" da escola da vida. Mas, afinal de contas, estamos falando de uma garota portando seu histórico emocional na bolsa, cheia de desilusões – tão cedo, que estava se conscientizando de um sentimento no exato momento de ver o rapaz dançando, coladinho, com outra pessoa. A moça da Terra do Nunca fora capturada de sua "aldeia segura" e jogada nas armadilhas da volúpia. E justo neste momento, um outro rapaz apareceu, dando-lhe a oportunidade de uma fuga estratégica. Sem pensar, atirou-se em seus braços, podendo, assim, voltar para sua "aldeia segura".

A única linguagem que aprendera a traduzir do idioma do amor era o desdém. Ignorando-o e agindo, exatamente, ao contrário do que se esperaria nesta situação, estava a salvo. Nada que se possa compreender, claro. É por isso que a matemática é uma ciência tão confortável! Mas quantas coisas não fazemos em nome de nossas "aldeias seguras", onde a ordem dos fatores altera – completamente – o resultado?

Em sua mente, não havia uma análise comportamental ao estilo freudiano. Na verdade, a única coisa que importava para ela era nunca mais vê-lo. Talvez isso fosse possível, já que poderia escapar de eventuais danças simulando um entorse no tornozelo ou condromalácia patelar grau severo! Seu plano estava preparado quando o telefone tocou, alguns dias depois:

A PORTA SECRETA DO AMOR

- Alô? - ... E o mundo começou a girar. A voz dele era um bálsamo! Fazia todos os sentidos se conectarem em um oceano de múltiplos aromas, cores, gostos e sons. Uma magia que não conhecia, nem em suas mais ousadas fantasias.

- Quem fala? – Como se fosse preciso perguntar.

- Oi, Clá! É Pedro! – usou o jeito carinhoso e exclusivo de chamar seu nome.

- Oi, Pedro!

- E aí? Você está bem? – puxando assunto.

- Sim. E você? – devolvendo a educação.

- Ótimo! Sábado será meu aniversário e eu vou comemorar na minha casa, chamei alguns amigos, te espero lá, hein! É tão longe da sua casa, né? – ironizou.

Cláudia respirou fundo, buscou em seus arquivos cerebrais alguma desgraça que pudesse ser associada a convites de aniversários, mas não havia elaborado nenhuma. Até se lembrou da condromalácia patelar, mas teve tempo de perceber que não soaria bem, até porque, supostamente, isso não a impediu de ficar em pé, por uma hora, beijando um rapaz.

- Claro! Será um prazer!

- Então te espero lá!

- Fechado! Até mais. – Desligou o telefone.

Cláudia combinou de chegar junto com Alice e estava em estágios avançados de ansiedade. Não conseguia pensar no que usar, não conseguia pensar no que dizer, não conseguiu escolher um presente usando suas faculdades mentais. Não seria capaz de dizer o que estava dentro do pacote que levou consigo. Suas mãos pareciam ter congelado para sempre. Suas sandálias balançavam como nunca, trazendo à luz da razão o pequeno mal-entendido sobre a qualidade de seus fabricantes.

Tocaram a campainha. A mãe de Pedro veio atender. Laura era muito simpática, tinha um olhar brilhante e o sorriso do filho. Cláudia se emocionou ao conhecê-la, mesmo porque, era a dona da casa na qual ela era aficionada.

- Finalmente a conheci! – Abraçou a mulher responsável por tudo aquilo, desde o princípio. Ela o havia trazido a este mundo, afinal de contas!

- Então é você a garota que fez meu filho dançar! – Laura retribuiu o abraço com a mesma dose de carinho.

Cláudia riu. Não pôde evitar sentir prazer naquelas palavras. Sentiu-se importante, poderosa. Subiu as escadas, realizando um forte desejo: conhecer os cômodos do lado de dentro, sentir o cheiro daquele lugar. A porta estava aberta. Pedro estava numa rodinha de amigos e amigas, Quinho, Renato, alguns colegas de escola que ela não conhecia. Ele estava tocando uma gaita, uma melodia doce, nostálgica. Não é possível!, pensou, sentindo um ímpeto de paixão. Ele mantinha os olhos fechados, o cenho franzido deixando suas sobrancelhas desalinhadas daquela maneira particular, com a direita mais alta que a esquerda. O som poderia ser confundido com a música que brotava, ritmada, de suas contrações cardíacas, pulsando um amor cintilante. Ele levantou o olhar para ela. Tirou a gaita da boca. Disparou em sua direção, pulando os degraus da sala.

- Clá!!! – Seus antebraços a suspenderam no ar, enquanto ela prendia a respiração com as costelas esmagadas.

Ela corou. Percebia o rubor em suas bochechas, tornando mais difícil o contato com seus olhos. Alice olhou para os dois, com aquela expressão de quem tem perguntas a fazer, que não foram feitas, a propósito.

A festa estava animada. Todos muito bem recepcionados e enturmados. Cláudia ficou distante, onde quer que Pedro estivesse, ela ficava longe. Algumas vezes, ela o flagrou olhando para ela, outras, foi flagrada. Renato se aproximou, começou uma conversa à toa, até que chegou ao seu objetivo:

- Está rolando alguma coisa entre o Pedro e você?

A PORTA SECRETA DO AMOR

A pergunta fez a respiração de Cláudia parar. Sentiu um golpe no estômago. Sorte que nem tinha conseguido comer. Arregalou os olhos, franziu o cenho para intimidá-lo e fazer parecer o comentário mais absurdo do mundo. Nunca... Nunca...

- Não! – Nunca... ressonava o pensamento.

- Mas você está gostando dele!? – E isso não parecia uma pergunta, embora ele tivesse tido o cuidado de dar o tom.

Os sintomas de AVC iniciaram. Ela poderia jurar que estava em pé por suportes metálicos invisíveis. Que garoto petulante! De onde conseguiu tirar essas tolices?!

- Não!!!

- Tem certeza?

- De onde você tirou esta ideia?

- É o que parece. Aliás, não sou o único que pensa assim. Você deveria falar com ele! Acho que vocês têm muita coisa em comum!

- Deixe de bobagem! Não tem nada a ver, somos amigos. É só isso. – garantiu-lhe, entre dentes.

- Bem... de qualquer maneira, fique atenta. Nunca se sabe... – fechou a conversa e se voltou para outra turma.

Quando percebeu, estava deitada em sua cama. Tudo o que aconteceu depois daquela conversa ficou acinzentado e nebuloso. Era como se ela não estivesse lá. Teria se despedido das pessoas? Com certeza. Teria conversado mais com Alice? Sim. Inclusive, sentiu vontade de contar à amiga o que tinha acontecido, mas não pôde. Lembrou-se da última vez em que confessara sentimentos inoportunos por alguém a uma amiga, e acabou surpreendida pelo lobo mau. Não diria nada, até mesmo porque não havia nada a dizer. Tudo aquilo estava sendo uma grande confusão, talvez alguma alteração hormonal ou coisa parecida. Talvez fosse melhor procurar um endocrinologista, em vez de Alice. Fora isso, não se lembrava de mais nada. Desejava apagar, até mesmo, a inebriante sensação de estar ali, na casa dele, perto dele, ouvindo os tons doces de sua gaita.

Agora sim, poderia pensar em nunca mais vê-lo. Fora Alice, que conhecia Quinho, que conhecia Pedro, não possuía vínculos com o rapaz. Ok, ainda tomaria ônibus em frente à sua casa, mas desprovida da velha curiosidade, já que conhecera (tão bem) os cômodos e personagens, poderia se sentir segura. Sempre esperou pelo ônibus sem grandes emoções, então a casa não era uma ameaça. Menina otimista!

Mas ainda havia o telefone, e devo acrescentar que estamos falando de um tempo em que bina era exclusividade da Interpol, ou algo parecido. Pedro telefonou. Cláudia atendeu e teve aqueles espasmos novamente, ao ouvir sua voz e aquele jeito peculiar de dizer:

- Clá?!
- Oi, Pedro.
- Posso passar na sua casa hoje à tarde?
- Hã... hum... Claro! – respondeu, com um princípio de gagueira, quase vomitando a felicidade que borbulhava, fria, em seu estômago.

O que será que ele quer? Voltou ao seu mundo de sonhos e não conseguiu fazer mais nada, tal como um paciente psiquiátrico em crise catatônica. Quando ele chegou, sentaram-se na sala de jantar. Conversaram sobre assuntos banais: pessoas, lugares, escola, vestibular. Pedro estava se preparando para fazer cursinho junto com o último ano do Ensino Médio, para prestar Engenharia numa Universidade pública, USP, Unicamp, Unesp... Seu desejo era cursar a faculdade para, depois, prestar concurso para ingressar como oficial da Marinha do Brasil e servir sua pátria. Cláudia faria o mesmo, cursinho junto com o terceiro ano do Ensino Médio, um ano depois. Desejava fazer o curso de Psicologia.

Ela perguntou sobre sua amizade com Quinho. Pensava que eles se conheciam de uma vida inteira, mas não. Conheceram-se no colégio e logo tiveram uma grande afinidade. A amizade deles era mesmo muito rara. Eram como dois irmãos, Pedro era o irmão que Quinho sempre desejou ter. A vida de Quinho não fora fácil. Filho único, sua mãe deixou seu pai quando tinha dois anos, para morar em outra cidade com um cara por quem se apaixonou. Foi criado pela avó, seu pai era severo, e sempre que tinha problemas, descontava no menino. Quinho presenciou muito sofrimento em sua família, viu o quanto a falta de amor e estrutura provocam más escolhas e decidiu se dedicar às causas sociais. Hoje, ele é um rapaz apaixonado pela natureza, pela vida, pela família. Deseja fazer diferença no mundo. Sente alegria em tudo o que faz. É um grande amigo.

Pedro perguntou sobre a vida de Cláudia. Ela sentiu que estava diante de um amigo e, pela primeira vez, teve vontade de falar sobre sua trajetória com JC.

Contou-lhe resumidamente, embora sintetizar uma história de quatro anos não fosse tarefa rápida. Confessou seus dois grandes erros, os foras que dera nele para se proteger, pondo tudo a perder. Nunca havia falado disso com ninguém, Pedro ouviu com atenção e aconselhou-a, com uma sabedoria atípica para um rapaz na sua idade. Aos ouvidos de Pedro, Cláudia era uma pobre vítima de si mesma, que ainda sentia dor, o que era fato. Ela não se intimidou em expor seu coração encarcerado a ele, ao contrário, pensou ser bem apropriado, já que queria afastá-lo por desejá-lo demais, uma atitude em perfeita sintonia com a lei da eletricidade entre polos que se repelem.

- Eu tranquei meu coração entre quatro paredes até ele morrer. Nunca mais quero amar! Dane-se tudo! – exclamando seu juramento ao estilo Scarlett O'Hara, no clássico ...E o vento levou.

Em resposta aos seus dramas, as frases dele ficaram ressonando em sua mente, digamos, muito, muito tempo:

"Curta os momentos de dor, pois tudo o que você curte, passa."

"É como uma ferida aberta, você vai colocando um remedinho hoje, amanhã... e quando menos esperar, estará cicatrizada, não doerá mais."

"Não se culpe por nada. Livre-se de seus traumas! Se culpar por uma coisa que fez tão criança é um absurdo!"

"Você é a única responsável pelo que acontece com você. Ninguém tem culpa por você, ninguém vai te ajudar."

"Pense no seu futuro, nas coisas que ainda estão por vir! Não queira acabar com sua vida por ter tropeçado em uma pedrinha, no passado."

"Nosso futuro quem faz somos nós! Você está aqui para ser feliz!"

"Sabe o que está em jogo? Você. A sua felicidade. E isso tem de estar acima de tudo!"

"As respostas que você precisa estão dentro de você, procure por elas em você! Você não precisa dele para isso."

"Uma coisa só é importante se você der importância. Encare este problema como pequeno demais perto dos problemas que você enfrentará em sua vida. Você ainda passará por muitas desilusões, frustrações, muita coisa ruim, mas tem de aprender a sofrer em felicidade!"

"Clá, a vida é uma festa!"

Horas e horas passaram e o dia tornou-se noite. Ele se levantou, com o cuidado de perceber que ela já estava sem sinal de pessimismo em seu semblante. Na verdade, ela estava exuberante. Não pôde deixar de notar que falava de dor e lembranças tristes com a mesma alegria eufórica que experimentava, sempre que se via diante de Pedro. Tinha de se esforçar para não sorrir ao seu lado, só por estar perto dele. Não ficaria bem sorrir, radiante, enquanto narrava a tragédia que fez seu coração desejar estar encarcerado para sempre. Mas notou, com um assombro, que a dor desaparecera na presença daquele sorriso de anjo. E de onde será que ele tirou tanta sabedoria? Tão assertivo, positivo, verdadeiro... Ele era, no mínimo, um ser especial.

Algum tempo depois, houve outra tarde memorável. Cláudia estava na casa de Pedro, desta vez. A mãe dele abriu o portão, ele veio ao seu encontro na sala. Deu um pulo sobre os degraus e se arremessou contra ela, jogando-a no sofá. Passou um braço pela cintura e o outro a enlaçava, tirando-lhe o ar. Ficaram apenas ali, abraçados, jogando papo fora. Isso não parecia normal. Por mais carinhoso e amigo que ele fosse, será possível que isso é normal?

Outra tarde, ele comentou fungando que havia sido convidado

para dançar valsa na festa de quinze anos de uma colega.

- Que saco! Eu não vou aceitar! Detesto valsa, detesto ser o centro das atenções e detesto dançar!!! – declarou.

Cláudia ficou confusa. Mas... e tudo aquilo que ela havia presenciado? A Quadrilha, o forró, os ensaios, a encenação como a noiva, quer dizer, o noivo... Mais "centro das atenções" que isso era impossível! E a valsa na festa de uma pessoa que ele mal conhecia... Todas essas lembranças fizeram a pergunta disparar:

- Mas, Pedro! E nossas danças e a valsa da Tatiana? Então, por que você aceitou?

- Ah... eu aceitei porque eu amo.

- Ama Quadrilha?

- Não... amo você.

"Amo você". As palavras dele foram calmas, pausadas e em voz baixa. Nada foi dito depois disso. Ela quis sorrir, mas nada conseguiu além de deixar seu queixo cair, levemente. Sentiu que estava diante de uma oportunidade, e aproveitou para mudar de assunto. Ele deve estar falando desse amor universal, que devemos ter por nossos irmãos na Terra, convenceu-se. Mas então, ele não deveria amar a tal colega e dançar na festa dela também?, confundiu-se. Ele disse "amo você". Isso não deveria ser pessoal? Ele deve dizer isso a todo mundo. E isso encerrou a audiência. Sem mais perguntas, Meritíssima.

"Pra renovar meu ser, faltava mesmo chegar você, assim sem me avisar, pra acelerar um coração que já bate pouco, de tanto procurar por outro, anda cansado, mas quando você está do lado, fica louco de satisfação..."
(Frisson – Sérgio Natureza)

Um ano se passou, outras festas vieram, outras conversas na sala dela, mas Cláudia sempre manteve suas reservas, presa em seu pior medo: o de ser rejeitada, novamente. Ainda não havia confessado seus sentimentos a ninguém, nem a si mesma.

Hoje é aniversário de Pedro, de novo. Cláudia se prepara para a festa em sua casa, mas vai ter de tocar a campainha sozinha, pois Alice está namorando um rapaz há quase um ano, e eles têm outros planos.

A festa foi marcada com tristeza. Há mais de um ano, ela vinha lutando contra um sentimento forte, genuíno. Todas as vezes que pensava nele, convencia-se de que estava confundindo as coisas, que ele jamais a desejaria. Horrorosa. Repugnante. Palavras fantasmagóricas a tiravam para dançar, dando sinais de que o passado nunca estivera tão presente, deturpando sua visão de si mesma, sem que ela notasse. Sentia-se feia, repulsiva. Sabia que Pedro jamais olharia para ela. Era melhor manter tudo no silêncio de sua pulsação alterada, com o tempo, tal como uma ferida em que se põe remedinho todos os dias, aquilo desapareceria.

Como de costume, passou o tempo todo à margem de Pedro, olhando-o de longe, desejando refutar os sentimentos que ele lhe causava. A cada sorriso, uma pontada no coração. A cada risada, uma enxurrada de alegria quente, invadindo seu peito. A cada vez que seus olhos flagravam a bisbilhotice dos dela, surgia uma sensação de querer desaparecer.

SENTIMENTO. Há na ciência alguma coisa que explique isso? Fisiologicamente, há uma coerência de razões e explicações, hormônios que se combinam produzindo efeitos alucinógenos, mas, ao contrário da arquitetura neural entre sinapses perfeitamente combinadas para produzirem respostas, como seria possível encontrar lógica nos sentimentos? Por que alguém, especificamente, consegue despertá-los, e outro não? De onde brota tanto poder? Será que se existisse Google nesta época, seria mais fácil entender?

Cláudia puxava conversa com qualquer um, sobre qualquer assunto, para não denunciar o fato de estar em outro planeta, viajando em ondas douradas de frio e calor. Na verdade, até o momento do Parabéns, ela se sentia como um fantasma flutuante - e feio, vivendo uma guerra interna, o medo do desconhecido, a recusa inútil de um amor inegável. A hora de se despedir era sublime, uma oportunidade de encostar seu corpo no dele, em um daqueles abraços alucinantes. Sentir sua bochecha colada à dela, ouvir alguma palavra doce de puro carinho, podendo sentir o ar quente saindo pelos movimentos de seus lábios ao pé da orelha. Nada mais.

Ao chegar em casa, no conforto das paredes de seu quarto, chorou, desaguando sua emoção contida. Pegou uma caneta e um bloco de papel e escreveu, pela primeira vez, o que estava sentindo.

> "Mais vale calar os sentimentos a expressá-los a quem não possa entender... Nem eu mesma quero me entender. Que nome dar a este sentimento que me persegue noite e dia e me faz bem, ao mesmo tempo, deixa-me ansiosa e angustiada para que alguma coisa aconteça? Se alguma coisa tem de mudar é esse medo de que as coisas não se tornem realidade. A vontade que sinto é entender o que se passa em meu coração, para que eu possa me explicar tudo e seguir adiante."

Lágrimas mancharam a tinta da caneta no papel. Não conseguiu prosseguir, mas começou a concluir que alguma coisa em sua atitude tinha de ser mudada.

Pedro estava cursando o último ano do Ensino Médio e fazendo cursinho pré-vestibular à tarde. Esta rotina atribulada reduziu, a zero, as tardes em que passavam juntos. Ela sentia falta dele. Ele vivenciava a corrida frenética em busca de uma vaga na Universidade pública.

A negligência de seus próprios sentimentos a estava machucando além do imaginável. Não é fácil esconder de si mesmo a própria verdade. Mas também não era nada inédito, arrisco dizer que todo mundo já fez isso alguma vez, e muita gente faz disso um hábito. Escondemos nossas vocações, nossos sonhos, nossas mágoas, nossa raiva, nossa indignação, mas, acima de qualquer coisa, escondemos o amor, especialmente aquele que não pudemos encarar. Cláudia estava diante de um fenômeno muito comum, presenciando o sentimento mais sublime nascer em seu coração junto com seu "irmão gêmeo", o medo, que surge na mente. Gêmeos na proporção direta, quanto maior o amor, maior o medo, mas como a luz e a sombra, o dia e a noite, intolerantes entre si.

Neste mundo de relações dualísticas, seria possível amar sem sentir medo? Certamente. Falaremos disso depois. Mas isso não era nada que Cláudia pudesse descobrir em capítulos tão precoces. Mais uma vez faltava-lhe não sabedoria, nem maturidade, mas evolução. Sentia um medo tão gigante em sua mente quanto o amor que brilhava, invicto, em seu coração. O medo congelava suas atitudes e a impedia de perceber os sinais a sua volta. O amor, ao contrário, a fazia flutuar em bolsões de ar quente, escorregar pela perfeição do arco-íris direto ao pote de ouro, leve como fada, sentindo a plenitude da vida, sempre que estava diante dele. Estar em sua presença era como estar em outro mundo, iluminado, brilhante, colorido, infinitamente feliz, onde não existiam coisas como medo, cansaço, problemas e dor. Era transportada para um lugar qualquer onde nunca estivera, onde não existia tempo. Não sentia fome, sede ou frio. Seu corpo era vivo, pulsante. Sua mente era ágil, como se, enquanto estivesse ali, pudesse usar muito mais que os limitados dez por cento de nosso legado cerebral. Em vez disso, transformava-se em outra criatura, em uma máquina incansável e plena.

Plenitude. Nenhum dicionário pode fazer justiça a esta palavra. Não se pode compreender seu significado até que se sinta, verdadeiramente, pleno. Ele lhe mostrou o que era plenitude e isso definia tudo. Acostumou-se com essa sensação. Servia-se dela. Passou a conhecer uma Cláudia que nunca imaginou existir. Ele era sua porta secreta, por onde podia chegar à essência da alma, que vive na verdade existencial de cada um de nós. Era uma viagem interdimensional, sem explicações, sem compreender nada, simplesmente, o sorriso dele a levava até lá.

Foi percebendo que não adiantava tentar manchar este sentimento com seus medos, sua ansiedade, sua angústia, seus traumas, sua raiva. Era inatingível, imaculado, indomável. Estava sempre lá, brilhando, cegando seus olhos limitados com a luz de sua verdade, cada dia maior e mais belo do que no dia anterior. Percebeu que o tempo não seria seu aliado nesta batalha, o tempo fazia o sol surgir e sumir com a mesma facilidade de sempre, enquanto o amor em seu peito iluminava o espaço sideral, acima da atmosfera, imune à translação da Terra. Era como uma gaivota sobrevoando, tranquila, ondas revoltas que não têm o poder de afetá-la. Pobres ondas. Matem-se, enquanto eu aproveito o entardecer.

Desistiu. Rendeu-se. Não quis mais lutar estupidamente, sabendo não ter chances de sobreviver à luta. Além de tudo, sentia falta dele. Queria estar com ele, tocá-lo. Desejava-o como nunca havia desejado ninguém (e diga-se a verdade), nem nada nesta vida.

Estava disposta a lutar por ele! Queria, ao menos, ser bonita. Seria muito mais fácil. Imaginava o quão difícil seria conquistá-lo com sua aparência sofrível. Cláudia estava doente, sem saber. Era uma bela moça, tinha um corpo de despertar desejos, cabelos castanhos e compridos, olhos expressivos, sorriso bonito. No entanto, via-se como se fosse horrorosa! Fora submetida, tão precocemente, a repetidos discursos ofensivos, enquanto sua aparência de menina se modificava. Teve sequelas com sua autoimagem, ainda assim tinha consciência de seus valores e de sua inteligência. Amava-se. Talvez, apenas talvez, sua personalidade cativante pudesse ajudar Pedro a superar sua aparência, pensava.

Mas Pedro estava distante, tenso, cansado. Os momentos juntos tornaram-se tão raros, que no segundo semestre eles nem se viram. Quanto mais próximo do vestibular, mais distante ele ficava dela, e ela, de seu mundo encantado. Sua coragem se esvaiu e seu coração conheceu mais um sentimento inédito: saudade. Ela estava convivendo, diariamente, com um gosto de rejeição, seu maior temor. Embora compreendesse a tensão dele, gostaria de estar presente para ajudá-lo. Sentia um aperto no peito que parecia ser dele. Ele não facilitou. Mantinha-se distante, focado.

Com seu coração despedaçado, escreveu-lhe uns versos.

"De onde surgiu, não sei dizer. Muito prazer em conhecer.
Anjo lindo, iluminado, estarei sempre a teu lado.
Que sublime criatura! Nunca vi tanta ternura e doçura
num olhar. Estrela mágica a brilhar.
Alma linda, cristalina. Luz divina que elimina toda angústia e toda dor. Força insólita do amor.
Ser humano sem igual, tão perfeito, especial. E tanto bem te quero, meu amigo mais sincero.
Alma livre, rei da magia. Mestre da sabedoria. Sereno, divino semblante, um sorriso deslumbrante.
Amigo, de quem mais preciso. Teu olhar, o teu sorriso...
Você é sonho em realidade, é minha infinita amizade.
E um vento muito forte, imprevisto como a morte, faz do sonho um pesadelo e da alegria, desespero.
Vento forte, inesperado. Meu coração dilacerado tenta ainda te ajudar, mas não pôde te salvar.
Minha alma desvairada, noite, dia, madrugada, não assu-

A PORTA SECRETA DO AMOR

me estar vencida. Procura por tua alma perdida.
E por tentar te encontrar, amigo, vens me machucar. Entender-te já não consigo. És amigo ou inimigo?
Amado amigo, meu inimigo, já não andas mais comigo. Sofro por tentar, em vão, aliviar teu coração.
O teu sorriso que brilhava e a tanta gente fascinava, do rosto desapareceu, ou foi você que o escondeu?
O teu céu tão encoberto, o teu mundo está deserto. Tua alma desvalida se esqueceu de amar a vida.
Em teu mundo atordoado, meu carinho rejeitado. Como dói sentir saudade daquela bela amizade.
Amado amigo, meu inimigo, aprendi tanto contigo. Meu amigo verdadeiro, inimigo traiçoeiro.
Não és o mesmo, certamente. Parecias tão valente... amado amigo, amado irmão, tens um covarde coração.
Amigo meu, que tanto amei e tantas lágrimas chorei. Inimigo tão cruel, meu amigo de papel...
Mas se um vento inesperado trouxer-te cá ao meu lado, braços abertos, coração cantando, estarei te esperando.
Obrigada, amigo amado, por ter ficado ao meu lado e me ensinado, então partindo, a suportar a dor, sorrindo."

Leu sua pequena obra. Assustou-se. Primeiro, pela profundidade da dor e saudade, agora marcadas no papel. Segundo, porque jamais escrevera algo assim. Sensibilidade como não havia experimentado. Talvez fosse esta a dor dos poetas, dos romancistas. Talvez o amor fosse, mesmo, a energia criadora presente em tudo o que realmente importa no mundo. Não que ele fosse algum vilão que tivesse feito algo terrível a ela, mas ele estava lhe ferindo com a mais cruel das armas: a indiferença. Saudade. Vazio. Sentia falta de si mesma quando estava perto dele, sentia raiva de não fazer diferença para ele.

Lembrava-se do clássico "O Pequeno Príncipe" (de Antoine de Saint-Exupéry) e de um de seus trechos favoritos: "Tu te tornas eternamente responsável por aquilo que cativas". Ele deveria dar-lhe mais atenção. Ao mesmo tempo, pensava na dor deste singelo personagem e de sua Rosa, em outro planeta, esperando ele cumprir sua jornada em outro lugar. Ele não poderia ficar, sua alma estava comprometida com a missão. Ela não poderia acompanhá-lo, morreria longe de sua terra segura dos baobás (plantas ruins que existiam no planeta deles). Restava-lhes o amor, que além de estar acima do tempo, nesta simples fábula, também se mostrava capaz de vencer as barreiras do espaço. O amor conecta, onde quer que estejam, aqueles que se amam. "O essencial é invisível aos olhos".

Esse era seu grande pecado, retribuir com indiferença um sentimento universal, a única coisa do planeta que foge da relação espaço-tempo.

Sentia urgência em conversar com alguém. Queria contar a Alice, mas ela andava estranha, ausente, apaixonada pelo seu namorado. Alan morava no bairro, frequentavam o mesmo clube. Um dia, ele a convidou para sair e não se desgrudaram mais. Elas não tinham mais aqueles longos papos, até do grupo de jovens da igreja, Alice se afastou. Queria contar a Paula, mas desde o aniversário de quinze anos de Tatiana ela não conseguia encontrá-la em casa. A amizade delas ficou estranha depois que Cláudia foi cursar o Ensino Médio em outro colégio, o que foi uma decepção. Ela nunca imaginou que a amizade delas fosse dependente da convivência oportuna da escola, elas eram amigas desde sempre, afinal de contas.

- Oi, tia! Tudo bem? A Paula está? – telefonando para a casa dela, pela milésima vez.

- Não, Cláudia. Ela está trabalhando.

- Não tem um telefone que eu possa ligar para ela?

- Não, Cláudia. Ela não pode ser interrompida lá.

- Está bem, tia. Por favor, peça para ela me telefonar, quando puder.

- Pode deixar. Eu aviso. Tchau.

Estranho. O que estaria acontecendo com Paula? Será que eu fiz alguma coisa errada?

A PORTA SECRETA DO AMOR

Sábado à tarde. Cláudia decidiu dar uma volta no shopping e se distrair um pouco. Caminhou até o ponto de ônibus. Sentou-se pacientemente, os ônibus demoram mais aos fins de semana. Um carro estacionou bem em frente ao portão da casa de Pedro. Uma moça de longos cabelos loiros desceu, tocou a campainha. Pedro surgiu no portão, abriu, sorriu e a beijou. Depois, pegou sua mão e subiram. Ele nem notou sua pálida presença no velho ponto de ônibus.

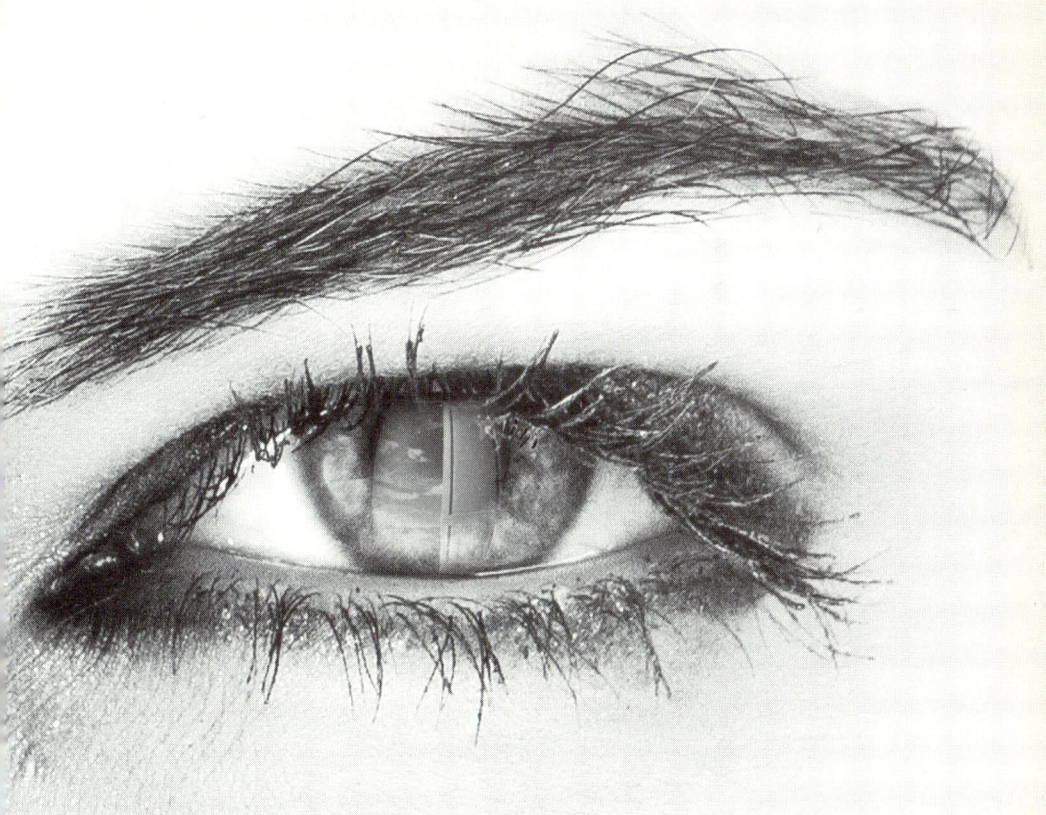

"Mas não tem revolta não. Eu só quero que você se encontre. Saudade até que é bom, é melhor que caminhar vazio. A esperança é um dom que eu tenho em mim, eu tenho sim. Não tem desespero não. Você me ensinou milhões de coisas. Tenho um sonho em minhas mãos, amanhã será um novo dia, certamente eu vou ser mais feliz."

(Sonhos - Peninha)

Cláudia se levantou, correu de volta para casa, trancou-se no salão onde ensaiavam, sucumbiu em prantos. As janelas da alma desejavam desaguar um riacho púrpuro, caudaloso. A torrente de lágrimas parecia não mais cessar. Não havia pensamentos, apenas dor e desilusão. Viu o dia esvair dando vez ao crepúsculo, sem que tivesse notado o tempo passar.

Depois que a alma chora, sempre há um lugar calmo, um campo de verdes pastos e o beijo de boa-noite, em tons alaranjados, do sol. Paz. No espaço aberto e vazio que a tempestade deixara em seu peito ao estiar, ela enxergou a realidade em perspectiva e foi inundada de alegria. Estava, novamente, parecendo-se com um paciente psiquiátrico com diagnóstico bipolar. Ele precisa de ajuda e não permite que eu o ajude. Já que não posso ajudar, que bom que ela está ao seu lado. Ele não está sozinho. Estou feliz que não esteja sozinho. E não eram pensamentos políticos e demagogos. De fato, sentiu-se assim.

Esse fato foi positivo, de certa forma, para pôr um fim à era da expectativa infindável. Ela não precisaria mais fantasiar alguma atitude proativa que realizasse seus sonhos românticos. Ele tinha

A PORTA SECRETA DO AMOR

alguém, e não era ela. Embora tivesse de lidar com os dois lados da moeda o tempo todo, vestiu resiliência e aquietou o coração, menos angustiado, a propósito. Era como se eles estivessem conectados por um fio mágico, pelo qual ela podia receber suas ondas de alegria ou tristeza, e por ele estar mais feliz, ela se sentia assim também.

O fim do ano chegou, juntamente com o dia do vestibular de Pedro. Os dias demoram a passar quando há expectativa de um resultado. Pedro não foi aprovado em nenhuma Universidade que queria e se inscreveu no cursinho, no ano seguinte.

- Oi, Cláudia! Como vai? Estou com saudades! – disse a voz trêmula de Alice.

- Alice, pelo amor de Deus! O que houve com você? Seu namorado não te deixa ter amigos ou o quê? – brincou.

- Mais ou menos... você está ocupada hoje? Queria conversar.

Marcaram em um café, no final da tarde. Estava saudosa da amiga e foi logo preparando o roteiro da novela para contar à Alice. Ficava imaginando o que ela diria, já que conhecia os personagens e poderia lhe dar bons conselhos. No entanto, ao ver o rosto de Alice, esqueceu-se de tudo. Estava pálida, inchada, olhos marejados de tristeza, um aspecto mórbido que nunca vira nela.

- Alice? O que aconteceu? – Puxou uma cadeira.

Alice começou a chorar, um pranto doído, intenso. Nada conseguiu dizer nos primeiros minutos e só fez abraçá-la.

- Desculpe, Cláudia! Não pude dizer nada a você! Desculpe!

Meu Deus, o que houve com ela?, angustiava-se enquanto tinha de esperar que Alice pudesse falar.

- Foi tudo tão rápido! Não consegui nem te dizer... Eu queria tanto ter contado a você!

Era tudo o que dizia, entre soluços.

- Acalme-se, Alice. Estou aqui. Podemos conversar agora.

Alice chorou mais um pouco e pareceu ter encontrado seu próprio campo de verdes pastos: a paz. Secou o pranto, respirou fundo.

- Ele era maravilhoso! Estava apaixonada por ele! Era gentil, carinhoso, companheiro...

Ela foi narrando as qualidades do namorado, Alan. Estavam vivendo um intenso romance, juntos o tempo inteiro, grudados como dizem, unha e carne. A grande novidade para ela era a sintonia sexual que tinham. Pareciam dois coelhos, sempre emaranhados um no outro. Mal conseguiam conversar, todo lugar e toda hora era hora de... você sabe. Ele tinha fetiches diferentes de tudo o que Alice havia vivido. Embora fosse garota de família religiosa, já tinha tido alguns relacionamentos sérios. Gostava de subjugá-la, dominá-la, de formas não muito carinhosas, por assim dizer. Ela estava gostando de conhecer novas sensações, ter novas experiências, ainda que tivesse de usar um cachecol, vez ou outra, em um dia de calor. Para compensar, ele era muito educado, um perfeito cavalheiro. Um tipo de Christian Grey, de E.L. James, se "eles" estivessem na moda naquele tempo. Alice sentia que tinha o par perfeito!

Com o tempo, Alice percebeu-se isolada dos amigos, da família, do pessoal da igreja. Conversava com ele sobre isso, mas todos os seus convites eram substituídos por programas a dois. Começaram a brigar, discretamente no início, mas as discussões foram ficando intensas e mais frequentes. Ela usou a estratégia do "gelo". Ficou um dia sem atender ao telefone, não atendeu à campainha de casa, quando ele tocou. Ele se enfureceu, começou a segui-la. Ele a convidou para seu apartamento, só para conversar. Ela tinha de conversar com ele, de qualquer maneira.

- É que... neste tempo em que estivemos brigando eu... eu senti umas coisas. Eu engravidei! – E voltou a chorar, descontroladamente.

Meu Deus! Meu Deus! Pobre Alice! Como tanta coisa havia acontecido com sua amiga, enquanto seu maior problema era descobrir como se declarar para um rapaz! Tudo bem que agora seu maior problema era uma bela loira de longos cabelos, mas mesmo assim!, pensou.

Alice contou a ele sobre a gravidez. Ele ficou enfurecido! Como ela poderia ter sido tão irresponsável! Ela tentou uma reconciliação, uma em que não envolvesse a neurose e a possessividade dele em relação a ela. Não se acertaram.

- Não tinha jeito. O ciúme dele era sufocante demais! Isso estava piorando com o tempo e só pioraria mais! Fiquei imaginando como seria criar um filho com ele! Eu estava pegando minha bolsa para sair, quando ele... ele...

— O que foi que ele fez? – perguntou imaginando coisas terríveis.

— Ele veio para cima de mim, como um animal, jogou-me contra a parede, apertou minha garganta... muito forte... eu pensei que fosse morrer. Senti o ar fugir de meus pulmões, o sangue parar, minha visão ficou turva, estava escurecendo... A fúria dele era assustadora, ele parecia possuído, sabe? O olhar dele era de ódio, tinha ódio de mim, sei que me mataria ali, mesmo grávida. Eu disse que iria tentar. Ele me soltou. Minhas pernas estavam fracas, caí no chão procurando respirar. Ele disse para eu pensar no que iria fazer, que eu nunca conseguiria fugir dele!

Depois disso, ele ficou ainda mais neurótico! Queria que Alice tirasse o bebê. Ameaçava-a de uma vida de inferno, na qual ele seria dono dela e da criança. Telefonava para a casa dela e ameaçava contar a seus pais, que não sabiam ainda. Ameaçava difamá-la na igreja, entre seus amigos. Ameaçava bater nela. Com tanta pressão e desespero, Alice perdeu o bebê.

— Tudo culpa daquele desgraçado! Culpa dele! Eu disse a ele para nunca mais me procurar! Eu posso até morrer, mais nunca mais quero vê-lo na minha frente! Ele que viva com essa culpa! Ele matou meu filho!!! – urrava como uma leoa ferida em seu ventre.

Como dar consolo diante de uma situação como essa? Que conselho poderia dar? O que Alice poderia fazer, de forma prática, para aliviar seu coração? Alice precisava de ajuda. Mas como e quem a ajudaria? Ninguém soube deste martírio, a não ser seu irmão, que a levou ao pronto socorro no dia em que perdera o bebê. Ao menos, ele não a condenou. Devia estar comovido com sua dor, tal como Cláudia. Era impossível não palpar a sua dor, era visível, real.

Não foi possível a Cláudia contar nada a Alice sobre sua paixão mal resolvida, nem mesmo depois dos meses que se seguiram. Alan, de fato, desapareceu da vida dela, mas parece tê-la levado consigo, de alguma forma. Quem conheceu Alice antes disso sabe que nunca mais foi visto aquele sorriso leve, luminoso. Ela continuava sorrindo sempre, mas como um hábito, um álibi para sua dor. Mas a luz, a verdade, a alegria divina que carregava no peito, que fazia da Alice a Alice, não mais fora vista.

Sua dor estava se tornando sua realidade, uma entidade à sombra, uma veste de escuridão que foi cegando, pouco a pouco, a visão de mundo de Alice. Era como se ela estivesse gerando um ser das trevas, que ocupou o lugar do bebê que se foi, e que ficava maior e mais forte, dia após dia.

Cláudia não compreendia esse sentimento. Não havia sido sua culpa, mas ela se martirizava e chorava sempre que tinha oportunidade. Alice saiu de casa, montou seu apartamento, trabalhava durante o dia e fazia academia à noite. Começou uma vida nova, nova e acinzentada, tocada pelo gelo do inverno.

E como falar de amor, quando a vida nos dá oportunidade para odiar? Seria o ódio o oposto do amor? Alice poderia jurar que sim. Como a ciência física tradicional nos explica, dois corpos não podem ocupar o mesmo lugar no espaço. Os sentimentos, o amor, o ódio... nada mais são do que energia. Energia que vibra e assume um espaço, poderia existir amor e ódio ao mesmo tempo? Acredito que sim. Afinal, o que é que a ciência física tradicional entende?

O ódio é a dor da ferida, ferida causada pela incompreensão de alguém, ignorância, imaturidade, inconsciência. A falta de evolução gera feridas nas pessoas que nos cercam. A ferida dói. A dor passa rápido, mas a mente a revive, cutuca profundamente, a pessoa não permite a cicatrização. Da convivência do indivíduo com esta dor surge uma nova energia, que chamamos de ódio. Mas o ódio não é a outra ponta do amor.

O ódio parece um sentimento impossível de ser vencido, porque as pessoas ficam imaginando que têm de chegar ao outro lado da margem, fazê-lo desaparecer. É preciso reconhecer esse sentimento, assumir nossa responsabilidade por tê-lo cultivado. Quando adoecemos a ponto de fazer uma ferida virar ódio, o amor pode preencher o mesmo espaço, não como se fosse preciso chegar à outra ponta de uma mesma energia, mas apenas conseguindo acessar o

A PORTA SECRETA DO AMOR

AMOR. Quando o amor sobrepõe o ódio, conseguimos fazer duas energias ocuparem um mesmo lugar, então ocorre o que chamamos de PERDÃO. O perdão dissolve o ódio, deixando cicatrizes fechadas e indolores, em seu lugar. É como acender uma lâmpada em um quarto escuro. A luz esconde a escuridão, que não deixa de existir, mas já não pode ser percebida. Isso faz da luz o oposto da escuridão? Não. A escuridão é apenas o que sobra quando não existe luz.

Nada que nenhuma delas pudesse compreender naquele momento. A sabedoria é como uma catarata infindável, que jorra com força e abundância. Nós chegamos perto para nos abastecer de água, mas apenas podemos retirar o que cabe dentro de nossos recipientes. As experiências ruins acontecem para que tenhamos oportunidade de descobrir o caminho da evolução, aumentando o tamanho desses recipientes. Portando recipientes tão rasos em suas mentes, ambas seguiram sofrendo, Cláudia lamentou o ocorrido enquanto Alice permaneceu envolta nas vendas da ilusão.

"Quando ela insiste em beijar seu travesseiro, eu me viro do avesso. Eu vou dizer aquelas coisas, mas na hora eu esqueço. Por que não eu? Por que não eu?"
(Por que não eu? - Leoni)

- Clá! – Pedro sorriu e correu ao seu encontro.

O abraço de Pedro trouxe o velho conforto, parecia que não havia passado tempo algum desde a última vez em que estivera naquele abraço. Longe de loiras ameaçadoras, ela estava feliz em dividir a mesma instituição que Pedro pelos próximos doze meses: o cursinho preparatório para o vestibular.

- Oi, Quinho! Quanto tempo! – Cláudia abraçou o amigo.
- Caramba, hein! O que seria de nós se não fosse o vestibular! Anda sumida! O que anda fazendo? – perguntou ele.

Simpatias de amor contra loiras furadoras de fila, pensou, apertando os olhos.

- Estou por aí! – usando a estratégia mais usual quando queremos dispersar.

Os três estudariam no cursinho no período da tarde. Cláudia vinha direto da escola, ainda estava cursando seu terceiro ano do Ensino Fundamental. Pedro estava fazendo o cursinho pelo segundo ano, mas preferiu o período vespertino para poder reforçar os estudos na biblioteca na parte da manhã. Quinho estava ingressando pela primeira vez, pois havia decidido esperar o Ensino Médio acabar para fazer cursinho, caso não fosse aprovado na Universidade desejada, o que ocorreu de fato. Ele desejava ser Assistente Social, mas tinha de ser uma Universidade pública, com sua estrutura familiar, só podia contar consigo mesmo.

Foi assim que cada um se deslocou para suas respectivas salas, após o toque do sinal. Cláudia foi para a sala de humanas, Quinho também, mas em outra turma, e Pedro, para a de exatas.

Os amigos iniciaram uma rotina na qual se viam todos os dias, na entrada, no intervalo ou na saída. Com sorte, às vezes, mais de uma vez. Pedro estava muito focado, quase nunca descia de sua sala na hora do intervalo. Comia um lanche sentado em seu lugar enquanto devorava algum livro de física. Apesar de se verem sempre, quase nunca podiam conversar. Cláudia chegava a poucos minutos do sinal tocar e, às vezes, saía sem que a turma de Pedro tivesse sido liberada.

Ela procurava pelo carinho que sempre sentia vindo da parte dele, mas ele parecia estar focado demais para sentir qualquer coisa. Talvez fosse por causa da sua loira... ele devia estar apaixonado por ela! Cláudia sentia-se triste. Mais uma vez, não encontrou outra amiga para conversar, além da caneta.

"Não sei mais o que fazer, não aguento esta situação. Você é tão maravilhoso que não consigo te culpar. Você entrou na minha vida de um jeito que nem sequer pude perceber o que estava acontecendo. Agora já é tarde.

Estou completamente sozinha. Não posso contar com ninguém, porque isso é comigo. Tenho de sufocar um grito na garganta, esta vontade de dizer ao mundo que te amo.

Ninguém foi tão bom para mim, nunca ninguém me fez sentir tão bem e tão feliz. Os poucos momentos que tive ao seu lado foram os melhores da minha vida, agora tudo me apavora e é motivo para fugir. Eu tentei fugir, fugi de mim mesma, com todas as minhas forças, mas foi mais forte do que eu. Estou apavorada.

Nos seus olhos, vi um mundo diferente, repleto de todas as coisas que faltavam no meu mundo. Você me fez acreditar na vida, no amor e nas pessoas. Jamais imaginei que uma pessoa pudesse gostar tanto de outra. Você me ajudou a sair de um labirinto onde me perdi, onde perdi tudo o que havia de bom em mim. Perdi meu coração, minha esperança e a vontade de amar. Depois de tudo isso, como posso te odiar? Como posso te culpar? Como posso tirar você da minha vida, unicamente, porque estou morrendo de medo de amar você?

Você resolveu meus problemas, agora você é o meu problema! Eu deveria consultar meu coração, mas eu o amordacei há muito tempo e ele não fala mais comigo. Não aceito o que está acontecendo! Nunca pensei que fosse tão triste e desgastante fugirmos de nós mesmos, mas preciso agir assim para não me odiar!

Apesar de tudo, admito que te amo e que você é a pessoa mais maravilhosa desse mundo e, ao mesmo tempo, declaro – publicamente – que isso não é verdade, que não te amo coisa nenhuma, nunca te amei, nunca te amarei, e estou ficando completamente biruta..."

Pobre menina. Tanto sofrimento diante de um sentimento tão lindo. Poderíamos pensar que isso é coisa da juventude, coisa daquela época em que sentíamos com tamanha intensidade, que parecia que o mundo fosse acabar se não fôssemos correspondidos por aquele ou aquela garota. Ela tinha uma referência, o sofrimento que vivera com a rejeição de JC, mas nada do que conhecia podia ser comparado àquele sentimento, o desejo infinito e imenso de estar perto de Pedro. Estar com ele bastava. A felicidade jorrava de algum lugar acima de sua cabeça, e percorria todas as células. Ela sentia a vida pulsando, uma energia que desconhecia. Mas estava colhendo os frutos de sua mudança para a Terra do Nunca. Estava frustrada com a falsa promessa de que nunca nada lhe aconteceria e, por fim, descobriu que não era o nada que desejava, e sim o tudo, o sempre. Ela sentia o amor, mas defendia-se dele com o medo, que crescia à medida que esse amor crescia, coisa de gente grande.

Desesperada, pensou em contar a Quinho sobre seu drama. Rapidamente, isso pareceu ser a melhor ideia que tivera nos últimos meses. Quinho era um irmão para Pedro, com certeza, se ela tivesse alguma chance, ele saberia. Poderia lhe dar sábios conselhos. Mas e se Quinho contasse a Pedro? Ela odiaria pensar que ele soubesse disso por outra pessoa, que não fosse ela. Desistiu.

Cláudia estava fazendo cursinho com uma nova amiga, Flávia. Elas estavam na mesma sala do colegial, e iam para o cursinho juntas. Flávia era uma garota extrovertida, descolada. Vivia rindo das peripécias de Cláudia. Logo soube do sentimento que tinha por Pedro, ela percebeu no semblante de Cláudia que ele era especial para ela. Não foi difícil, não houve um só intervalo em que Cláudia sossegasse os olhos à procura de Pedro, sempre sem sucesso.

A PORTA SECRETA DO AMOR

- Por que você não conta a ele? Conversa com ele! Chama ele para sair! – incentivava.
- Ele tem namorada.
- Humpf...

Certo dia, Cláudia acordou com a certeza de que Pedro não estava mais namorando. Ela estava com as palavras "Não tem mais namorada", em sua mente. Ele estava chacoalhando uma caixinha de escova dental quando disse isso, em seu... sonho? Não tinha certeza. Ficou com isso na cabeça e contou à Flávia, na primeira oportunidade. Tinha uma sensação tão clara de que era real! Até mesmo o jeito estranho de falar, "não tem mais" em vez de "não tenho mais"...

- Faça um teste! Convide-o para a festa da Renata, na danceteria, e diga-lhe para levar sua namorada! – Flávia lhe deu uma boa ideia.

Renata era colega de classe delas, marcou de comemorar seu aniversário no sábado à noite, em uma badalada danceteria. Tinha convites para a área VIP, seria uma noite muito legal. Cláudia pegou quatro convites, dois para Pedro, dois para Quinho. Embora soubesse que Quinho tinha terminado seu namoro com Raquel, uma garota da escola dele, talvez ele quisesse levar alguém.

Cláudia avistou os rapazes na entrada do cursinho, aproximou-se deles. Meio sem jeito, fez o convite, estendendo os pares de cortesia a cada um.

- Espero que possam ir, leve sua namorada, Pedro. – E essa era sua "deixa".
- Não tem mais namorada. Mas obrigado, Clá! Se eu puder, vou sim! – E pegou sua caixinha de escova dental da mochila, dando-lhe uma chacoalhada.

As meninas saíram de lá com os olhos arregalados, apertando as mãos. Assim que puderam, gritaram e deram pulinhos. Coisa de mulher, sabe? A precisão era inacreditável! Cláudia estaria conseguindo poderes sobrenaturais, afinal?

No dia da festa, ela se arrumou com a supervisão de Flávia, a garota entendia quando o assunto era sedução. Cláudia tinha de estar vestida para matar! Quem sabe não seria sua grande oportunidade.

Estava dançando, livremente, com suas colegas, quando ele entrou no salão. Olhou em volta, localizou-a, foi falar com ela.

- Oi, Quinho! Que bom que você veio! Pedro veio com você? – arquejou em expectativa.

- Não. Pedro quis ficar estudando, aquele bitolado! Vim sozinho! – declarou, destruindo suas esperanças para a noite.

Refeita da frustrante decisão de Pedro, e sossegada pela impossibilidade de tomar qualquer atitude, dada sua ausência, Cláudia puxou Quinho para a roda de dança. Dançaram até cansar, foram tomar alguma coisa. Cláudia pediu água e Quinho, cerveja. Sentaram-se à mesa da luxuosa área VIP da boate retrô. Flávia avistou os dois conversando, correu na direção deles, temia que ela fosse "dar com a língua nos dentes". Conversaram juntos um tempo, até que Flávia acabasse cedendo aos olhares do "carinha da jaqueta de couro" encostado ao balcão. Era, exatamente, a oportunidade que Cláudia esperava!

Não pelos efeitos da água ou do coquetel sem álcool que havia pedido na sequência, talvez pela descontração que o ambiente proporcionava, ela havia esquecido completamente os riscos de se expor ao "irmão" do seu amado, e convenceu-se de que ele tinha, certamente, uma boa notícia para ela! No momento em que se encheu de coragem, percebeu seus lábios tremerem. Hesitou.

- Quinho... tem uma coisa que eu queria... bem... te contar.

Quinho arregalou os olhos, olhando o coquetel de frutas (sem álcool) quase terminado, no copo dela. O que será que eles puseram ali?

- Sim? O que foi? – calmamente, baixou o tom de voz, em respeito ao sigilo que ela empregara em sua fala.

- Eu... eu... eu estou gostando do Pedro.

Quinho pareceu amolecer. Baixou a cabeça, pôs as duas mãos na testa.

- Que merda. – Balançou a cabeça de um lado para o outro. – Que merda – repetiu.

Cláudia sentiu seu coração entrar num moedor de carne. Aquilo era mau sinal, para não dizer péssimo!

- Tão ruim assim?

- Você não acha que está confundindo as coisas?

- Acho que não. Bem... eu estou lhe contando, justamente, para ver se você teria algum conselho, eu estava pensando em dizer isso a ele.

- Pelo amor de Deus! Não faça isso! Você estragaria toda a amizade! Seria uma merda completa! Para que fazer isso? Que merda!

- Você acha que não tenho chance alguma?

- Cláudia, vocês são amigos! Não estrague essa amizade, não confunda as coisas! Saca?

A PORTA SECRETA DO AMOR

- Está certo, Quinho. Já entendi. Ainda bem que conversei com você primeiro, mas eu te peço uma coisa, por favor. Confiei em você, não sabia com quem conversar, achei que você fosse a melhor pessoa para me dizer isso. Entendo que ele seja seu amigo, muito mais do que eu, mas não conte a ele sobre isso. Por favor, não conte a ele! Eu não quero mesmo perder a amizade dele – implorou.

- Tudo bem, fique tranquila. Não direi nada.

Isso encerrou o assunto... a noite... a esperança. Cláudia se recolheu como uma lagarta, isolada em seu casulo feio, grudento e asqueroso. Apesar de sentir que tinha a cumplicidade de Quinho neste segredo mortal, assassino de amizades, ela estava insegura. Será que Quinho era mesmo capaz de guardar segredo, logo de seu irmão? Se fosse ela, provavelmente não. Contaria à amiga. Talvez homens fossem diferentes.

À medida que o tempo passava, ela olhava Pedro com a pergunta maquiada em seus olhos: Será que ele sabe? Será que Quinho disse a ele? Não poderia dizer, a julgar pelo comportamento usual de Pedro.

Cláudia telefonou, pela milionésima primeira vez, tentando conversar com Paula.

- Oi, tia! É Cláudia! A Paula está?

- Não, Cláudia. Ela saiu. Olha, vou ser sincera com você. A Paula está atravessando um momento só dela. Está fazendo terapia, tem novos amigos, finalmente, ela está tendo a oportunidade de valorizar a si mesma. Sua amizade sempre lhe causou muitos problemas! Perto de você, ela se sentia gorda, feia, burra, mal-amada... e você sempre foi perfeita! Estava sendo uma referência muito difícil para ela. É muito difícil ter uma 'Cláudia' como referência! Não ligue mais para ela, está bem? Sua amizade não faz bem a ela, deixe-a seguir seu caminho.

Foi assim que ela perdeu sua amiga de infância. Desligou o telefone, chorou.

AMIZADE. Um dos tipos de amor mais valorizados. É como dizem, não podemos escolher nossa família, nossos colegas de trabalho, de classe, mas podemos escolher nossos amigos. Um amigo é o remédio que a alma precisa, alguém que vai te conhecer profundamente, talvez melhor do que seus próprios familiares, seu próprio cônjuge. Há amigos que vão estar ao seu lado uma vida inteira, são aquelas pessoas para quem damos nosso melhor. Há partes feias dentro de nós, que não mostramos a ninguém, mas quase todos têm um amigo, ao menos um, que conhece nossa sombra.

Mesmo sentindo um tipo diferente de amor por Pedro, a amizade estava presente, e falava alto em seu coração. Amizade é o que sempre fica, quando o amor romântico se vai. É o que antecede o amor romântico que chega. É a primeira a chegar e a última a apagar a luz.

Uma das principais causas da morte da amizade é a INVEJA. A inveja é uma energia triste, porque significa que a pessoa desistiu de si mesma, não foi capaz de amar a si mesma. É o que sobra quando a pessoa se convence de que não será capaz de conquistar seus desejos, seus sonhos. Tem tanta falta de amor, que não suporta assistir, no gargarejo, o amor que cerca o outro.

Cláudia pensou na coragem que a mãe de Paula precisou ter para lhe dizer a verdade, mas não lhe deu razão. Então, a solução para os problemas de autoestima de Paula era tirar de perto dela as boas referências, para que ela vivesse em um mundo onde sua fraqueza pudesse ser reconhecida como qualidade? Será que Cláudia seria a única "referência" difícil na vida de Paula, ou ainda viriam muitas? Ela tiraria todas de seu caminho? Falta de amor. "Em terra de cego, quem tem um olho..." continua sendo caolho!

Além do mais, o que teria para ser invejado agora? De volta à terra de problemas infindáveis, tocada pela importância da amizade, ciente da amplitude do amor que sentia, escreveu mais uma carta a Pedro, para ser guardada na gaveta de sua alma.

"Por mais que se viva, não se pode entender os caminhos da vida. São os encontros e desencontros, as alegrias e tristezas, as vitórias e as frustrações. É o tempo apagando marcas de infelicidade, e o raiar de cada dia trazendo o inovador.

São as pessoas que encontramos, que amamos, e é o adeus preso na garganta. Tudo isso é necessário para que a vida se justifique, vida que é uma caixinha de surpresas, que nos traz esperança, sonhos, ilusões. Afinal, essa é a essência de todo ser humano.

A roda da vida não pode parar. Todo fim tem um início, e tudo o que inicia, também terminará. Tudo passa, exceto aquilo que se vive com a alma.

A coisa mais bonita que alguém pode sentir por alguém, eu senti por você. Sentia suas mãos sobre meus ombros. Sentia o peso do seu olhar. Sentia seu carinho através de um beijo. Sentia seu calor através de um abraço. Sentia sua alma. Podia sentir sua energia e percebia o que se passava dentro de você.

Nos momentos de agonia você era meu alívio e não tenho palavras para dizer o quanto sinto sua falta. Sinto-me feliz se posso te ajudar. Sinto-me feliz com o que te faz feliz. O seu sorriso me deslumbra! Sinto sua presença sem precisar ter você diante de mim.

Mas eu me procuro dentro de você e só consigo me encontrar no seu passado. Hoje uma lágrima escorre em meu rosto, que está marcado por uma felicidade que nunca se apagará, a de ter tido um amigo como você.

Obrigada por me mostrar que amar é muito mais que desejo, muito além da matéria.

Obrigada por ter me feito chorar a lágrima mais sincera e sorrir o sorriso mais verdadeiro.

Obrigada por ter me dado a oportunidade de deixar meu coração pronunciar 'eu te amo', sem medo e feliz.

Em algum lugar em você, amigo, existe um pedaço de mim que vai ficar contigo para sempre. Da mesma forma, em algum lugar em mim, há um pedaço de você que jamais vai deixar de existir. É isso que me faz eterna em você e você, em mim. É isso que faz da amizade um sentimento eterno e, certamente, o mais lindo. Seja feliz, amigo."

Talvez a dor de perder uma amiga tenha endurecido o coração de Cláudia, não sabia dizer. De repente, ela estava pronta para se despedir de Pedro, sabia que não era possível estar desconectada do amor que sentia por ele, apesar da possibilidade de perder sua amizade, caso se declarasse a ele. Nada disso fazia tanta diferença mais. Havia aprendido muito nesta trajetória repleta de medos e inseguranças, na qual o amor nunca deixou de brilhar, soberano.

Ainda assim, foi falar com Quinho. Tinha esperanças de que ele tivesse mudado de opinião e concordasse com ela, talvez ele pudesse compreender seu ponto de vista.

- Estou decidida, Quinho, vou dizer a ele o que sinto! – disparou, logo que teve oportunidade de falar com ele a sós, na entrada do cursinho.

- Ai, não... não faça isso! Não faça isso! Para quê? Você vai estragar tudo! – rosnou.

- Não importa, Quinho, vou dizer a ele. Isso me sufoca! Eu prefiro que ele saiba a verdade. Preciso me livrar desse peso! – ela estava irredutível, até certo ponto, fria.

    Quinho seguiu desolado, repetindo e repetindo que era uma péssima ideia, que merda... que merda... era seu mantra. Cláudia não se abalou, mas aquilo a ajudou a se preparar para o pior. Colocou-se no lugar de Pedro, o que sentiria se um grande amigo, muito querido, de repente confessasse sentimentos não correspondidos por ela? Uma pena. Uma merda, como diria Quinho.

    Realmente, não seria possível estar à vontade em uma relação onde qualquer passo pudesse machucar um coração rejeitado. Se nada mudasse, aparentemente, seria à custa de esforço e artificialidades. A amizade deles não seria mais a mesma, com certeza.

    Quinho entrou em sua sala, Cláudia ficou esperando Pedro. Não deixaria para depois, temia perder a coragem. Queria aproveitar o calo grosso que Quinho e Paula ajudaram a formar em seu coração. Ela já se sentia repugnante, de qualquer forma, legado de JC, fechando o time de colaboradores.

    Pedro entrou no pátio, viu Cláudia, sorriu, abraçou-a. Ela não se importou em demorar mais em seus braços, talvez fosse o último abraço forte, íntimo, em seu amigo.

    - Pedro, preciso falar com você. – Seu tom era suspeito. Ela estava, nitidamente, tensa, tanto pelo que estava prestes a dizer quanto pelos poucos minutos que lhe restavam até que o sinal o chamasse para o dever bitolado.

    Ele fez aquela expressão de quem estranha e, ao mesmo tempo, se entusiasma com as possibilidades a seguir.

    - Eu sei que isso pode ser terrível em um primeiro momento, mas é que eu queria muito que você soubesse que... – hesitou - ... na verdade, eu preciso muito que você saiba que... eu estou gostando de você! – E ela foi interrompida por um súbito, inesperado e intenso movimento dele em direção ao seu abraço.

    Seus olhos se arregalaram, sua boca se abriu, como a de alguém que tem muito a dizer, mas não lhe restaram palavras. Se pudesse haver uma descrição para um estado eufórico, neuroticamente feliz, entusiasmado, era ele! Ficava se movimentando de um lado para o outro e, no meio, segurava seus dois ombros e a puxava para mais um abraço, mais especial e apertado do que o anterior. Apenas dizia:

- Clá! Eu? Por que eu? Por que eu? Eu nunca imaginei! Eu nunca desconfiei!

Movia-se como por efeito da adrenalina jorrando de sua suprarrenal. Ele continuou:

- A gente precisa conversar! Meu Deus, a gente vai conversar! A gente tem de conversar!

Mais um abraço. Ela estava chocada! Jamais poderia prever aquela reação. Era totalmente o oposto do que imaginava! Era incrível! Os olhos dele brilhando forte, o sorriso luminoso, a felicidade estampada no rosto ruborizado. Ele estava divino!

- Por que eu? Eu? Eu! Vamos conversar depois da aula! Eu vou te buscar na sua sala, assim que a aula terminar! Meu Deus! Eu nunca desconfiei de nada!

- Estranho isso, eu não esperava, até porque o Quinho sabia...

Poucas vezes alguém teria oportunidade de ver uma mudança tão drástica e repentina quanto a que ela testemunhou no semblante de Pedro, depois de ela ter dito isso. O sorriso desapareceu, seus lábios tremeram, seu olhar era de uma fera, sua testa franziu. Ele já não a abraçava, passava as mãos no cabelo e bravejou:

- Aquele traidor!!! Desde quando ele sabe disso? – Segurou os ombros dela com força.

- Hã... não sei, alguns meses... mas, Pedro, ele não te disse porque eu pedi a ele!

- Não! Você não está entendendo, ele tinha de ter me contado! – cuspia fogo o dragão enfurecido.

- Mas, Pedro, ele foi legal comigo! Eu estava confusa, só precisava de conselhos, eu pedi a ele para que não te contasse! – preocupando-se em limpar a barra de Quinho.

- Cláudia, você não está entendendo! Ele tinha de ter me contado! Ele tinha de ter me contado! Aquele traidor!

Ela estava assustada. Aquilo parecia, de longe, muito diferente da reação que teria se soubesse que sua amiga guardara segredo assim. Não era para tanta raiva! Ele respirou fundo, disse-lhe:

- Olha, vamos fazer o seguinte, você vai para sua aula, na saída, eu passo na sua sala para a gente conversar. Tudo bem?

Ao que ela apenas assentiu, com um aceno de cabeça.

Entrou na sala, estava radiante! Apesar daquela fúria de Pedro, a novidade principal era a sua incrível e inesperada reação frente à realidade dos sentimentos dela.

Flávia logo notou sua aura brilhante, quase tão logo soube do ocorrido. Ficaram cheias de expectativa, tudo o que ela queria era que o tempo passasse depressa! Mais rápido que isso! Bem mais rápido! Nem poderia dizer do que falaram os professores que passaram por ali. Estava imaginando a conversa que se seguiria, assim que os ponteiros do relógio tivessem misericórdia. Era um universo inteiro novinho em folha, já que toda aquela história nem se quer tinha sido sonhada, até então.

Faltam duas horas ainda...

Uma hora e cinquenta minutos...

Uma hora e quarenta e cinco...

Falta meia hora. Não que ela não tivesse olhado no relógio a cada cinco minutos antes disso. A esta altura, seu coração estava acelerado, como quem atravessa a linha de chegada de uma maratona internacional.

Dez minutos! A visão começou a embaçar, as mãos geladas. Adrenalina, mostrem para que vieram, suprarrenais!!!

- Tchau, Cláudia! Vou deixá-la sozinha! Boa sorte! – Flávia se levantou com seu material nos braços, apertou a mão cadavérica da amiga e se retirou.

Todos os colegas foram saindo da classe. Ela tentava não olhar para a porta, como se fosse possível passar por uma pessoa normal, ao final de um dia de estudo. Com aquele aglomerado na porta da sala, ele teria de ficar do lado de fora, esperando a chance de entrar. Ou talvez ele estivesse esperando que ela saísse... Na mesma hora, levantou-se, abraçou seu material, como se ele pudesse lhe dar um apoio amigo, passou pela porta, olhou em volta, ele não estava lá. Encostou-se à parede; com certeza, ele deveria estar esperando a multidão de vestibulandos saírem de sua classe também.

O fluxo de colegas foi diminuindo, diminuindo... alguns minutos depois, ela estava só, sentada no degrau da escada com seu material contra o peito, talvez, se o segurasse ali, pudesse prevenir uma explosão. Quarenta minutos depois, levantou-se com a bunda gelada, um choro preso na garganta, foi pegar o metrô de volta para casa.

O que aconteceu? O que aconteceu? O que aconteceu? Mas, por Deus do céu, o que foi que aconteceu?!!!

Não parava de pensar nisso. Revivia os momentos anteriores, não havia nada que pudesse justificar aquilo. Ele estava tão feliz, tão eufórico, não poderia ter esquecido. Não encontrou nenhuma explicação, tampouco, conseguiu dormir. É engraçado o tanto que a noite demora a acabar quando a gente está acordado. Se você dorme, sente que ela passou como flecha, tirando suas chances de descansar o suficiente. Mas se não dorme... que martírio!

O dia seguinte renovou suas energias pela expectativa de encontrá-lo na entrada do cursinho, e descobrir o que aconteceu. Avistou-o. Aproximou-se.

– Oi, Clá! – sorrindo, abraçou-a.

– Oi! Tudo bem? – Seu olhar procurava alguma pista. Nada. Estava perfeitamente normal.

Tiveram uma conversa normal, melhor dizendo, um bate-papo informal antes do sinal tocar. Ele a tratou com a mesma cordialidade de sempre, com o mesmo carinho e o mesmo tom de voz, o mesmo olhar, o mesmo abraço, o mesmo sorriso, o mesmo Pedro. Nada, nada, absolutamente nada havia mudado, nenhuma pista sequer da conversa mais importante que já tiveram entre si. Cláudia tinha sua expressão mudada, com certeza. Não conseguiria esconder o cenho franzido sobre um olhar penetrante, que pedia explicações. No entanto, nada perguntou, nada insinuou, acatou o comportamento dele e o copiou. Mestre na arte de desdenhar, feriu-se e se defendeu com o mesmo desdém. O sinal tocou e eles entraram.

Os dias que se seguiram foram iguais. Tudo igual. Era como se ela tivesse alucinado aquilo, era até difícil ter certeza de que havia ocorrido, de fato. Ela revirou seu cérebro à procura de evidências de que tinha sido apenas uma fantasia, lá naquele armário secreto onde as guardava. Não estavam lá. Aquilo ocorreu, de fato. Aconteceu! Tão certo quanto (ainda) podia assegurar sua sanidade mental.

Aquilo machucou. Tão logo ocorreu, uma contusão parecida com um soco no estômago. Conforme o tempo passava, uma lesão degenerativa que doía um pouco mais a cada dia. Ela ficou sem compreender, não teve coragem de perguntar. Tudo ficou por isso mesmo.

"O amor é o fogo que arde sem se ver. É ferida que dói e não se sente. É um contentamento descontente. É dor que desatina sem doer."
(Monte Castelo - trecho do poema de Luís Vaz de Camões – adaptação Renato Russo)

Lacunas.

Espaços vazios. Páginas em branco. Peças que faltam e não permitem a visão do todo, a compreensão do cenário. As informações que Cláudia não tinha causaram danos, mágoas. Ele decidiu deixá-la sem respostas, como se ela não tivesse perguntas. Sentia o peso da humilhação, ter aberto seu coração para que ele o ignorasse, simplesmente. Teria sido melhor um não! Teria sido melhor ouvir "Que merda", de sua boca. Tinha ficado no mais absoluto vácuo. Nem se deu conta de que, em algum lugar não tão longe dali, alguém poderia estar sentindo o mesmo tipo de dor, JC, que ficara no vácuo no pulo do gato. Dói mais quando é com a gente, não é mesmo?

Assim como Alice, Cláudia estava gerando um ser trevoso, rancoroso, um ódio que não conseguiu alcançar Pedro. Não importa quantas vezes tentasse maculá-lo, sentir raiva dele, provar que ele era o cara mau, ele era inatingível. O sentimento que ela tinha por ele era incondicional, ficava naquele lugar, talvez alto demais, talvez profundo demais, tal como o Sol ou o magma da Terra, indiferentes ao lixo da superfície.

Amor era tudo o que restava quando ela estava com ele. Amor, alegria, luz, paz. Bastava estar diante dele, enchia-se daquilo, era

A PORTA SECRETA DO AMOR

tanta luz que já nem lembrava o que havia ocorrido, ou o que tinha planejado dizer, não existia passado nem futuro, nem nada mais. Era êxtase o que jorrava de dentro de si. Ela já tinha ciência de que era algo fora daqui, fora do tempo, fora do espaço, fora do que a maioria das pessoas no planeta conhece. E era inútil lutar. Seu amor era um lírio alvo num pântano de lama. Branco e imune.

Ela percebeu que o amava com seu coração, este sentimento inexplicável e incondicional, mas também com sua razão. Ela o escolheria um milhão de vezes, ele era um ser humano especial. E havia um algo a mais, seu sangue, a bioquímica que a fazia desejá-lo, atrair-se por ele. Parecia estar, diariamente, correndo em seu sangue, entorpecendo seus pensamentos, manipulando seus impulsos. Era a trindade do amor: sangue, coração e razão.

"Que você possa sentir o peso de minhas palavras, já que não pode ouvir o som de sua pronúncia, já que meu coração grita seu nome a cada dia, e sua voz se propaga em silêncio.

Gostaria que você pudesse estar dentro de mim por um momento, para que soubesse que o que sinto é intenso o suficiente para que você esteja, para sempre, circulando no meu sangue, porque, de certa forma, você sempre esteve aqui.

Tenho tantas perguntas, mas não preciso das respostas. Nunca consegui responder 'por quê'. Seja lá quem você for, é único e incomparável. Não consigo dizer como é grande o bem que você me faz.

Acredito que o que faz de alguém um ser humano seja o coração. Você me faz humana, porque me mostra do que aquela bomba de músculo estriado cardíaco é capaz. Desejo que você seja a pessoa mais feliz do mundo.

A você, com meu sangue, coração e razão."

Como prêmio por toda sua dedicação, Pedro, Quinho e Cláudia foram aprovados nas Universidades que desejavam. Pedro cursaria Engenharia Civil na Unicamp, Quinho, Serviço Social na Unesp, e Cláudia, Psicologia na USP.

Antes de sua mudança, Pedro fez várias visitas à casa de Cláudia, passavam horas conversando, promovidos da sala para o quarto dela, sem maiores explicações. Quando ele ia embora, sua mãe perguntava:

- E aí, Cláudia? Aconteceu alguma coisa?
- Não...

Na verdade, Pedro estava namorando outra garota, que morava próxima à cidade onde iria estudar, na qual tinha parentes. Ele era um perfeito cavalheiro, não fazia o tipo "galinha". Não abria qualquer brecha para que se tornasse alvo de ataques hormonais.

Pedro se mudou, seus pais iam visitá-lo aos fins de semana, ele voltava a cada três ou quatro meses, e passava uma pequena temporada de seis a oito horas no quarto de Cláudia.

- E aí, Cláudia? Aconteceu alguma coisa?
- Não...

Conversavam, conversavam. Falavam de seus respectivos cursos, de seus planos para o futuro, de seus novos amigos na Universidade, da rotina que tinham, do que comiam na hora do almoço. Não paravam para comer, beber ou ir ao banheiro. O ronco do estômago ou a turgidez da bexiga sempre avisavam quando estava chegando a hora de Pedro ir embora. Somente depois que ele partia, ela olhava no relógio! Seis horas se passaram! Sete horas se passaram! Oito horas! Pedro quase nunca saía antes do pôr do sol. Eram detalhes. O fato é que o tempo parava, parava sem deixar indícios de que houve tempo algum, desde a última vez em que se viram.

Aquelas horas abasteciam Cláudia de energia, para que suportasse o trimestre que passaria sem vê-lo. Quando o dia se aproximava, ela já experimentava uma saudade sem igual.

"*É mesmo impressionante o bem que você me faz. Basta uma aparição sua para meu coração bater mais forte, mais vivo, mais feliz. Meu sorriso brilha, meus olhos se enchem de vida, minha pele respira, meu corpo se transforma em uma máquina de energia e calor.*

Minha mente funciona mais ativa, minhas ideias fluem, meus pensamentos se elevam, ressurge o impulso de aprender e crescer.

Sinto uma louca vontade de viver e ser uma pessoa melhor, a melhor que eu puder ser. Não sinto ódio, rancor, mágoa, minha alma fica em paz.

Tudo fica bonito! O ônibus lotado da manhã, o cansaço das horas de estudo, a comida requentada do almoço, as provas, o estresse de fim de semestre, as dificuldades, os noventa minutos de volta para casa... tudo.

Você me faz sentir a plenitude de viver, a plenitude de ser, de estar, de permanecer, de sorrir, de chorar, de amar... A plenitude da vida, que é tão plena, tão plena, que só posso senti-la se você está comigo. Não é possível se lembrar dela, ou você sente ou esquece. Por isso, cada minuto ao seu lado... Ah, se você soubesse..."

Durante as primeiras férias no meio do ano, Júlio, o irmão de Alice, comemorou seu aniversário com uma Festa "Julina", no sítio da família deles. Os amigos de Alice foram convidados, inclusive Pedro e Quinho. Pedro não compareceu.

Com uma mão no bolso do jeans desbotado e a outra em um copo de cerveja, Quinho se aproximou de Cláudia para conversar. Alice os deixou a sós, já que estava ajudando Júlio a recepcionar os convidados.

- Que noite fria, não? Parece até a da nossa Quadrilha!

- Nem me fale... morri de frio naquele vestido de noiva.

- Imagino. Vem cá, você ainda gosta do Pedro? – o tom de Quinho não agradou nada, além da pergunta inesperada, parecia um deboche. Cláudia respondeu com o tom que lhe era mais familiar: desprezo.

- Não. A fila anda, sabe? – Desejou mudar de assunto. – E você? Namorando alguém?

- Não. Ninguém desde a Raquel. – Era sua ex-namorada dos tempos de colégio.

O assunto mudou completamente. Falavam de Alice e Júlio, da experiência do vestibular, do primeiro semestre na universidade. Começou a esfriar ainda mais.

- Vamos dar uma volta, conhecer o sítio? – convidou Quinho.

Foi andando pela grama úmida de sereno em direção a um galpão, seguindo os passos de Quinho.

- O que será que tem aqui? – perguntou Quinho, enquanto empurrava uma porta de madeira.

Era um galpão escuro, cheio de... coisas. Parecia um daqueles cantinhos da bagunça, que (quase) toda casa tem, mas de uma grande bagunça. Restos de materiais de construção, pedaços de lenha, carvão, móveis há muito tempo sem utilidade. Com certeza, o tipo de lugar que não esperava os convidados de uma festa. Não havia nada de interessante ali, mas Quinho parecia estar fazendo algum tipo de pesquisa arqueológica.

- Ufa... mais quentinho aqui! – murmurou.

A próxima coisa que Quinho fez foi avançar em cima de Cláudia, levando suas duas mãos ao rosto dela, e empurrando-a contra a parede, que até poderia ter ruído. Foi uma surpresa! Um daqueles momentos em que não se tem muita facilidade para pensar, pois o corpo assume um monopólio de sentidos, em detrimento do pensamento racional. Nossa... Sede... Fúria... Desejo... era a interpretação que ela conseguia fazer daquele impulso. Ele a beijou profundamente, ferozmente, e sem deixar espaço para reações. Parecia estar mesmo sedento.

Talvez o clima bucólico de uma noite de inverno tivesse proporcionado o cenário ideal para um momento a dois, que não merecia ser desperdiçado... foi o que pensou. Talvez ele estivesse carente desde o término de seu namoro, ou algo assim. Ou talvez a festa estivesse entediante, e aquela fosse uma forma mais produtiva de passar o tempo. Principalmente entre dois jovens calouros da universidade. Essa foi a hipótese votada por Cláudia como a verdadeira. Ele queria uma forma de passar o tempo, e foi o que fizeram. Não se desgrudaram até a hora de ir embora, ela ainda teve de ser resgatada para não perder sua carona.

Durante o caminho de volta, ficou remoendo uma coisa... Pedro. Ela havia acabado de passar horas beijando o... irmão de Pedro. Sim, praticamente, um irmão. Seus lábios estavam, de novo, abrasados por causa de um longo beijo, que não era o do "amor verdadeiro". Será que isso era muito ruim para suas chances com ele? Será que ele ficaria sabendo? Bem, já que Quinho não havia dito nada sobre seus sentimentos, talvez também não dissesse nada sobre esse tempo em que passaram se "entretendo". E como as pessoas não notaram a ausência deles... então, ele nem saberia, com sorte!

Isso é, claro, o que ela pensou. Quanto a mim... Jesus...

Desculpe, vamos voltar a analisar os fatos, sem julgamentos.

Quinho retornou à sua cidade, telefonou para Cláudia. Tiveram uma conversa provocante. Duas. Três. Estava sendo divertido, mas logo voltaram para suas rotinas.

Quanto a Pedro, os anos de Universidade foram marcados por uma rotina estranha: visitas trimestrais tremendamente demoradas ao quarto de Cláudia.

A PORTA SECRETA DO AMOR

- E aí, Cláudia? Aconteceu alguma coisa?
- Não...

Nunca falaram de Quinho, nem da namorada de Pedro, nem de romances, nem sobre eles, sobre o dia em que Cláudia se declarou, sobre o desaparecimento de Pedro naquele dia, ou sobre a possível retirada para biópsia do lobo cerebral, onde ele havia registrado aquela lembrança. Falavam de amor, muitas vezes. Ah... o amor!

- Te adoro! – dizia ele, repetidamente, entre um assunto e outro.
- Você é especial! A melhor garota que conheço! – era sua outra fala favorita.

Era bom estar com ele, e isso bastava.

Com o passar do tempo, das horas que viraram dias, dos dias que viraram meses, dos meses que viraram anos, Alice acabou sabendo sobre os sentimentos de Cláudia por Pedro. Achava que ela deveria lutar por ele! Achava que algo tinha dado errado, que Pedro sentia o mesmo por ela. Torcia pela felicidade dela. Tornou-se ainda mais próxima e amiga.

Às vezes, ela dormia na casa de Alice depois de alguma "balada". Certa vez, chegaram sem sono. Puseram-se a conversar. Alice estava fazendo uma arrumação nos armários, naquela semana. Entrou em seu quarto e voltou com uma caixa nas mãos. Seu semblante havia mudado, estava séria e nostálgica. Pegou um envelope branco de dentro da caixa, abriu uma pasta, era o primeiro (e único) ultrassom que tinha feito de seu bebê, antes de perdê-lo. Cláudia nem sabia que ela tinha aquilo consigo. Tinha uma imagem perfeita do seu perfil, perninhas, bracinhos, mãozinha na boca. Alice folheava as páginas em silêncio, acompanhada apenas por lágrimas que desciam, em fila, por suas bochechas. Que dor! Que dor sem tamanho! Podia sentir a profundidade de seu pesar, consciente de que todo aquele sofrimento impresso em sua face era apenas a ponta de um iceberg gigantesco, um verdadeiro inferno particular.

Ainda mergulhada naquele transe borbulhante, pegou uma peça amarela com bordadinhos, a primeira coisa que comprara para seu filho. Era um menino, seu nome, Matheus. Rompeu seu pranto, levando a roupinha ao rosto. Até então, Cláudia respeitou seu luto em silêncio, mas não pôde deixar de tentar tirá-la daquele lodo fervente.

- Alice, por favor!

- Eu não consigo! Eu preciso deixá-lo ir embora! Preciso jogar isso fora, mas não consigo! É tudo o que tenho dele! Eu sinto tanto!

- Veja, nada é por acaso! Não foi sua culpa! Era para ser assim! – E todo aquele blá blá blá que dizemos quando não sabemos o que dizer.

- Eu não mereço ser feliz! Eu não mereço ser mãe! Nunca mais serei mãe! Foi tudo minha culpa, sim! – Seu tom de voz havia mudado, o monstro... aquele ser trevoso que ela estava gerando há tanto tempo falava por ela. Era a criatura das sombras que havia engolido a Alice que existia antes, nitidamente visível e audível, em seu olhar e sua voz.

- Não diga isso! Aquele louco te perseguindo, todo o nervoso que você passou! O que você poderia ter feito? Aconteceu! Às vezes, o próprio organismo rejeita um bebê com má formação, você tem de ser grata! Era o destino dele!

- Ele era perfeito!!! – o monstro soltou seu grito – EU O ABORTEI!!!!

Choraram as duas, sem hora para terminar.

Por dentro, Cláudia sentia como se uma espécie de bomba atômica tivesse explodido, com direito a fumaça em forma de cogumelo e tudo. Uma explosão que só deixou poeira, dizimando tudo o que havia em sua mente com o rótulo "conceitos" e "opiniões". Tudo jogado no lixo, no buraco negro da mente, junto com as porcarias do apartamento de Alice. Tudo o que ela havia pensado antes sobre aborto e um monte de outras coisas, havia desaparecido. Um monte de coisas que não requerem nada para que se tenha a "velha opinião formada". Ela estava diante de outro ponto de vista, o ponto de vista de alguém que havia praticado uma coisa como esta, e a compreendia, perfeitamente. Isso explica tudo, pensou, referindo-se a todo sofrimento em que Alice estivera mergulhada, nestes anos.

- Eu estava apavorada! Não sabia o que fazer! Não podia contar a ninguém, ele me ameaçava, quase me matou, disse tantas coisas horríveis! Estava me ameaçando se eu não tirasse o bebê. Nem disse nada a ele, pedi ajuda ao meu irmão. Ele disse que me ajudaria no que eu decidisse, que não se oporia. Ele me ajudou a encontrar a clínica, foi comigo no dia marcado. Eu estava com quase doze semanas, estava quase sem tempo para pensar, tinha de tomar uma decisão imediata! Quando cheguei lá, as pessoas me trataram tão bem, fiquei mais calma, a última coisa que me lembro... pegando minha veia, minha visão ficou turva, mas... – E seu pranto irrompeu o discurso, gravemente. - ... assim que acordei, senti aquela dor, aquele vazio!!! Meu filho!!! Eu queria meu filho!!! Eu me arrependi no mesmo segundo!!! Por que eu fiz isso? Por que eu fiz isso? Como pude ser tão covarde!!! Meu filho se foi!!! – Dilúvios lavavam seu rosto, sem que pudessem lavar sua alma. - Nunca vou me perdoar.

PRECONCEITO. Substantivo masculino. Qualquer opinião ou sentimento concebido sem exame crítico, diz o dicionário. A minha forma favorita de ilustrar a imbecilidade humana. Graças à nossa cultura, nossa criação, nossa família, igreja, professores, enfim... nossas tão preciosas opiniões, não somos capazes de um simples gesto: colocarnos no lugar do outro. Falta de amor, amor ao próximo. Mas o pior dos preconceitos é o que impomos a nós mesmos, que passa a se chamar CULPA, o auge da falta de amor próprio. Alice julgava-se, punia-se, mutilava-se. Pensava no quanto fora covarde sem se dar conta de que era injusto avaliar uma situação, quando se está fora dela.

Estamos (todos) em constante evolução. Quem somos hoje, pode não se parecer nada com quem fomos um dia. A escolha de hoje (agora) fazemos por acreditarmos que seja a mais correta, a melhor. Nada menos do que a melhor, considerando todas as circunstâncias, do contrário, não seria nossa escolha. Se escolhemos de forma egoísta, levando em consideração somente nossa necessidade, isso também faz parte do alcance de nossa visão como seres humanos, naquele momento. Esse alcance também muda, evolui. Por tudo isso, é muito injusto julgar uma situação quando se está fora dela.

Hoje, que Alice conhece a dor do luto, da culpa, que ela descobriu forças que não conhecia, que ela não tem o Alan por perto para infernizá-la... hoje é fácil dizer que ela deveria ter ficado com o bebê. Mas aquela Alice, grávida, sozinha, insegura, imatura, machucada, oprimida... vendo a areia do tempo correndo, veloz, contra suas chances.... aquela menina não pôde fazer melhor, naquele momento.

Eu teria feito diferente, se estivesse (exatamente) no lugar dela? Você teria feito diferente? Se Alice pudesse voltar no tempo, mas sejamos justos, somente com o que sabia até então, teria feito diferente? Fácil de responder, não? Difícil dizer se chegamos à resposta certa.

Sempre que nos colocamos nos sapatos de alguém, fazemos isso com nossos pés. Isso não tem valor. E se você tivesse os sapatos e os pés daquela pessoa? Seus recursos, não apenas financeiros, familiares, sociais, mas, principalmente, evolutivos?

E se...?

E se...?

Cláudia gostaria de poder ensinar Alice a fazer o que ela estava fazendo: colocar aquela menina assustada em seu colo, fazer carinho em seus cabelos e dizer-lhe: "Eu te amo e te perdoo. Foi horrível o que aconteceu, mas foi o melhor que você pôde fazer naquele momento. Estou ao seu lado para o que der e vier, conte comigo. Vamos seguir em frente, e seja feliz!" Isso não é uma coisa que temos de ouvir de alguém, é uma coisa que temos de ouvir de nós mesmos. Podemos viver sem ter isso de ninguém, nenhum amigo, nenhum parente. Mas não podemos viver um só dia sem nos dar este perdão.

Eu queria que cada mulher que tenha passado por isso, ainda que eu não conheça sua história, possa encontrar a verdade no amor que mantém ligados mãe e filho, como fios mágicos de um cordão umbilical que nunca se rompe, e que, através destes fios, possam enviar seu amor a seus filhos e, em paz, dar-lhes seu beijo de boa-noite.

"Qual é o peso da culpa que eu carrego nos braços? Me entorta as costas e dá um cansaço. A maldade do tempo fez eu me afastar de você. E quando chega a noite e eu não consigo dormir, meu coração acelera e eu sozinha aqui! Eu mudo o lado da cama, eu ligo a televisão. Olhos nos olhos no espelho e o telefone na mão"
(A Noite - Giuseppi Anastasi)

CRISTIANE PEIXOTO

A noite. A lua nos faz a gentileza de pegar emprestado o brilho do sol, para que não estejamos na completa escuridão, com exceção da lua nova. É sublime o momento de chegar em casa, depois de um dia inteiro de estudos, de trabalho, de rotina nem sempre agradável, tomar um banho, relaxar e encontrar o famoso travesseiro. Como dizem, é quando a gente põe a cabeça no travesseiro que a verdade vem se deitar. As máscaras ficam no banheiro, as roupas são deixadas de lado, despimo-nos de papéis e funções, sobra apenas quem somos. Sem um bom treinamento, não conseguimos deixar nosso computador de bordo na cabeceira da cama. Que bom seria se fosse fácil... mas a bateria desta máquina parece não ter fim, pouco importa o estado de cansaço que nosso corpo se encontra, a mente, às vezes, não para.

A inquietude da mente manda impulsos elétricos para os músculos, que passam a sofrer espasmos irracionais. Vira-se de um lado, de outro, para cima, para baixo, da cabeceira para os pés, muda-se para o sofá, tira-se a coberta, coloca-se de novo... não adianta. A vontade é de aproveitar o tempo para correr uma maratona. A noite dura mais do que o dia quando se tem a chance de ver (de olhos abertos) o quão lenta a Terra se move quando nosso lado está de costas para o sol.

A PORTA SECRETA DO AMOR

    Cláudia tivera muitas oportunidades como estas, noites em que não pôde dormir. Sonos interrompidos por sonhos bons ou ruins, sonhos que misturavam sua fantasia e realidade. Mas era, particularmente, mais difícil dormir quando seu corpo estava inquieto, por causa dos hormônios.

    Além do amor lindo que ela sentia em seu peito, já tinha percebido, há tempos, que existia outro sentimento: desejo. Era uma necessidade física, uma forte atração. Isso fazia parte do soneto, da melodia, como notas musicais que se completam, enriquecendo a obra toda.

    Ela podia separar uma coisa da outra, embora fosse difícil. Seu amor era indomável, mas seu desejo podia ser controlado, oprimido, velado. Seu amor fugia-lhe no olhar, entregava-lhe no sorriso. Seu desejo podia permanecer calado, na intimidade de suas pernas cruzadas. Mas, às vezes, roubava-lhe o sono, produzindo ondas de calor que percorriam seu corpo todo, além de pensamentos inapropriados (pelo menos, para alguém que esperava dormir).

    É tudo culpa dos hormônios. Essa coisa de nascer, crescer – reproduzir – e morrer, que aprendemos na escola. Se não fosse pelo "reproduzir", o mecanismo todo não existiria. É a sina do mundo animal. Porque precisamos nos reproduzir, temos desejo. Porque precisamos de desejo, temos hormônios. Porque precisamos de hormônios, temos glândulas contratadas, pela criação, com a função exclusiva de produzi-los. E que culpa tenho eu disso tudo?, pensava ao se revirar (de novo) para o outro lado da cama. Será que alguém poderia explicar ao meu hipotálamo que estou só, numa cama de solteiro e não vou reproduzir agora?! Suplicava à noite, sem misericórdia.

    Desejava-o sempre. Algumas vezes, era pior. Nesta noite, teve uma dose excessiva da droga do corpo, um coquetel entorpecente e alucinógeno, preparado, caprichosamente, por suas jovens glândulas, misturando ingredientes como meio litro de adrenalina, duzentos mililitros de estrógeno, cento e cinquenta de progesterona, salpicados com trinta gramas de endorfinas, derramados como enxurrada nas artérias de Cláudia. As drogas sintéticas do mundo retorciam-se de inveja, ah... se pudessem produzir efeito assim! Depois de muito "esforço" para dormir, se é que me entendem, acendeu a luz e se pôs a escrever.

"Acho que preciso deste papel para poder dormir... Não estou conseguindo parar de pensar em você! Você deveria estar nesta rua! É feriado! Por que nunca volta para casa? Sinto meu corpo te chamando. É ótimo estar viva, mas de que adianta ter um corpo, pernas, mãos, braços, boca, se não posso te tocar, ao menos, uma vez?

Pena eu não ter nascido tão bonita para ser digna de sua atração. Sou louca por você, mas nunca consegui cometer nenhum ato de loucura! Qual é o meu problema, afinal?

Às vezes, não acredito que você sempre esteve aqui. Você estava a metros de distância quando eu entrei nesta casa, pela primeira vez, assim que nasci. Passamos a infância inteira tão próximos... Será que você brincava na rua? Será que já te encontrei na padaria da esquina, que já não existe mais? Será que, algum dia, passei por você, voltando para casa? Poderíamos ter crescido juntos...

Eu era vidrada na sua casa, mesmo antes de saber que era sua, desde que pus os olhos em você, nunca deixei de te amar. Você me deu os dias mais felizes, e ainda me dá as noites mais angustiantes. Acho que você não está pronto para ser amado assim. Que pena. Sinto-me como se estivesse morta e não pudesse tocá-lo. O problema é que estou viva, desejo você com cada célula do meu corpo, cada neurotransmissor me deixa pronta para você, e nem se eu me esgotasse aqui, não seria o bastante. Às vezes, assim, eu consigo dormir. Hoje não teve jeito.

O que mais me mata é que sinto tudo isso, mas quando estou na sua frente, sorrio, te abraço, sinto sua energia incendiando meu corpo, e me afasto, olho nos seus olhos, tenho vontade de morrer, e digo apenas 'Como vai?' – que ódio de mim! Eu deveria te pegar pelo pescoço, atirá-lo contra a parede e arrancar seu fôlego!

Eu preciso de você! Não quero passar o resto da vida sem saber o que é beijar o próprio coração. Se existissem outras vidas, eu teria de nascer, de novo, no mesmo país, década, bairro e endereço que você. Seria esta já a segunda vez que tento ser sua? Como pode?

Talvez, agora, eu consiga dormir.

Você ainda me mata..."

Quanto desperdício. Que grande, imenso e irreparável desperdício! Mas quando ela tinha a oportunidade, novamente, via-o entrar e sair de seu quarto, sem nada tentar. Em uma de suas visitas, ele contou sobre o fim de seu longo namoro. Ela tentou disfarçar sua cara instantânea de felicidade, sem sucesso, com certeza.

Outros meses se passaram, mais duas ou três visitas.

Um dia, Cláudia telefonou para Alice, assim que ele saiu, depois de horas e muitas horas com ela.

- Cláudia! Quando é que você vai deixar de ser burra? Chame-o para sair! Faça alguma coisa, pelo amor de Deus! Você vai ficar esperando o quê? Que ele comece a namorar de novo? Você está bobeando demais, por favor!

Alice tinha razão. Era melhor tentar fazer alguma coisa, de novo. De novo? Apesar da falta de lógica que tudo parecia ter, ela tinha ficado com uma sensação estranha ao se despedir dele, naquela tarde. Era uma quinta-feira, ele teria de voltar para o interior logo cedo, no dia seguinte, junto com seu pai. Ligue para ele! Ligue para ele!, ronronava, com os olhos fechados.

- Oi, Pedro!
- Clá! Quanto tempo... – ironizou.
- Eu estava pensando... será que a gente não poderia comer alguma coisa, em algum lugar, hoje à noite? – Seu estômago se contraiu em expectativa. Foi muito pronome indefinido (algum) para o seu gosto decidido. Além da foice sobre seu pescoço acorrentado. Sim, aquilo era muito mais do que "dar a cara a tapa". Ele ficou um segundo em silêncio, e disse:
- Bem... então, a gente poderia assistir, na sua casa, àquele filme que você me falou hoje, o que acha? – referindo-se a um filme relacionado à carreira dele, que ela recomendou que ele visse.
- Acho ótimo! Você vem que horas?
- Pode ser às nove?
- Sim!
- Você pode alugar o filme? – Lembre-se: a era digital ainda não havia chegado.
- Sim!
- Então fechado! Até mais!
Mãaaaeeeeee!!!!!
Ana, mãe de Cláudia, ficou entusiasmada! Até que enfim, de-

pois de anos, algo poderia acontecer! Aqueles dois já haviam passado mais horas (acordados), em um quarto, do que muitos casais comemorando bodas de prata!

Ela arrastou Cláudia para o shopping, para lhe comprar um vestido, mesmo contra sua vontade. Tudo tinha de estar perfeito. Cláudia experimentou um vestido preto que lhe deixou irresistível, segundo sua mãe. Ana telefonou para o pai de Cláudia, ele deveria chegar mais cedo em casa para o jantar, para poderem se retirar mais cedo, deixando-os "à vontade". Ana estava preparando um verdadeiro ninho de amor.

- Vamos comprar um vinho!
- Mãe?! – reprendia seus impulsos, revirando os olhos.
- Vamos comprar morangos com chantilly!
- Mãe?!

Sem chantilly, sem vinho, apenas o filme alugado e um cobertor, noite fria. Ela decidiu deixar o vestido para outra ocasião, pois se sentiria melhor com uma calça de cotton, uma malha de ombros caídos sobre um top. Algo levemente sexy e casual, principalmente, algo que não demonstrasse o desespero de duas mulheres correndo pelos corredores do shopping em busca da roupa ideal para o acontecimento do século.

Sentou-se no sofá, ligou a televisão para disfarçar o silêncio da casa deserta (exceto pelo casal trancado a chaves em seu cativeiro conjugal), não prestou atenção na programação.

De repente, levantou-se com um sobressalto, pegou o molho de chaves, abriu a porta, estava na metade das escadas quando ele surgiu no portão. Ainda não eram nove horas.

- Como você sabia que eu já tinha chegado? – perguntou Pedro, impressionado com a antecipação dela.
- Não sei. – Não desejou dizer que sentiu. Ela já podia sentir muitas coisas, soube, por exemplo, do carro que ele havia ganhado do pai, o modelo popular na cor verde-azeitona, acertou em cheio antes de saber qualquer coisa sobre isso.

Subiram.

- E os seus pais? – perguntou, notando a casa deserta.
- Já foram dormir. Eles dormem cedo, sabe? – mentiu.

Cláudia entrou na sala na frente de Pedro. Pegou a fita de dentro da caixa, mudou o canal da televisão, pegou o controle remoto:

A PORTA SECRETA DO AMOR

- Droga... não está funcionando! As pilhas do controle devem ter acabado. – Colocou a fita no videocassete (um equipamento jurássico que os nascidos antes da década de noventa do século XX devem se lembrar), e apertou o Play.

Pedro estava esperando por ela em pé. Ela indicou o sofá, ele se sentou, tirando o tênis e colocando os pés sobre o largo sofá a sua frente. Ele puxou o cobertor que estava ao lado, lançou-o sobre eles, passou seu braço pelos ombros dela e esperou o filme começar. Ai, meu Deus!!! Vejam só a posição que ele nos colocou para assistir ao filme!!! Isso, com certeza, poderia ir parar no jornal do bairro. Ela ficou alucinada com a proximidade simples e despreocupada que ele assumiu! Com certeza, ele estava ali para algo mais! Ninguém pode ser tão amigo assim!

O filme começou, e Cláudia já conhecia todas as partes, uma vez que já tinha visto algumas vezes, pois se lembrava dele. Ele parecia estar gostando bastante, pois mantinha sua atenção toda no vídeo.

À medida que o filme avançava, ela começou a se sentir agoniada, "Ai... já estamos nesta parte, e nada!", "Já estamos naquela parte, e nada!", "Ó não! Metade do filme!"... e nada. Só que ela estava decidida demais, não deixaria passar em branco. Colocou sua mão sobre a coxa dele, foi fazendo carinho. Ele não reagiu. Foi mudando de lugar, mais para cima, mais para fora... ele não reagiu. Colocou sua mão sobre a camiseta dele, no abdômen. Foi sentindo suas costelas, seu peitoral... ele não reagiu. Não é possível!!! Não é POSSÍVEL!!! Ela estava reagindo, perfeitamente, ou melhor, suas glândulas, hipotálamo a todo vapor, suprarrenais lançando toneladas de adrenalina, nocivas, ilícitas e impunes. A esta altura, seu desejo pulsava vigorosamente, suado e escorregadio, embaixo do cobertor inútil sobre a máquina geradora de calor.

Bem... devo dizer que eu não estou conseguindo, propriamente, escrever.

Fico tirando as mãos do teclado e colocando na testa e... depois nos olhos... balanço a cabeça de um lado para o outro, tentando encontrar uma maneira de lhes explicar que... ELE NÃO REAGIU!

Ela foi adiante.

Colocou a mão por dentro da camiseta dele, sentiu sua pele. Vou tomar um chá, já volto.

O filme estava em seu ponto máximo. Cláudia ainda não. Inconformada com a falta de reação dele, foi além. Quase no fim do filme, colocou sua mão naquela parte, entre a coxa e o abdômen, que havia pulado só por uma filosofia de boa vizinhança. Por cima da quantidade imensa de jeans, zíper, braguilha, estava invadindo propriedade particular, sem medo de tiros de espingarda e cachorros ferozes. Aí, então, adivinhe... Finalmente, como recompensa por toda sua perseverança, ousadia, fé e coragem, ela descobriu que não havia nenhum lugar em que pudesse tocar que fosse fazê-lo reagir.

Ausência total de reação. Deixe-me explicar: não suspirou, não teve sua respiração alterada, não moveu seu corpo na direção dela, nem na direção oposta, simplesmente, não se moveu. Também, não a impediu de nada, não insinuou qualquer gesto contrário, aversivo ou desconfortável, qualquer sinal, por mais sutil que fosse, que pudesse dizer-lhe NÃO. Não a puxou contra seu corpo com o outro braço, que permaneceu nos ombros dela. Não apertou sua pele com os dedos, raivosos ou famintos. Eram, na verdade, dedos mortos. O outro ser, o que permaneceu encoberto pela braguilha, esse reagiu. Talvez, timidamente, não era possível dizer. A pior parte de tudo isso era o fato de que ela havia caminhado muito, muito mesmo (você é testemunha), nestes últimos minutos, desde sua última atitude, no dia em que se declarou para ele, tantos anos atrás, no entanto, estava no mesmo lugar: no vácuo. Um buraco negro, inexplicável, sem lógica.

Duas possibilidades passaram pela cabeça dela neste momento. Se eu pudesse, não fosse a comunicação limitada e unidirecional que a literatura nos impõe, faria uma enquete com você para saber que explicação daria, mas um palpite, talvez nós estejamos pensando o mesmo que ela pensou: esse cara é gay! Essa foi a primeira coisa que lhe ocorreu. Ela só não conseguiu explicar algumas coisas, como o fato de ele ter tido tantas namoradas, namoros duradouros, não ter nenhum jeito de gay, e o principal: se ele era gay e abria exceções para tantas garotas, por que não para ela? Por que não, sob tais circunstâncias? Mais uma pequena exceção não seria uma atitude, considerando o ensejo, no mínimo, de bom tom?

A segunda coisa que lhe ocorreu é que ele a amava como uma irmã. Não sentia nenhum desejo por ela. Não tinha a tal "química", ela não desencadeava o trabalho de suas glândulas, nada de ameaçador corria em seu sangue, por causa dela. Deveria ter sido muito desagradável ser tocado pela "irmã". Argh! Era um bom argumento, mas também continha imperfeições. Quem aí permitiria isso? Se uma amiga(o) irmã(o) toca em você, sem você querer, você deixa? Fica ali parado, como múmia?

Apesar de não ter encontrado coerência suficiente para se convencer de nenhuma destas possibilidades, e de não ter tido tempo de elaborar uma terceira hipótese, acabou ficando com a segunda: ela era uma amiga-irmã, feia e repugnante.

O filme acabou. Cláudia se levantou do sofá, jogando a droga do cobertor de lado, furiosa, para ir até o videocassete pôr a fita para rebobinar (desculpe, se precisar, consulte um dicionário completo para esta frase). Neste breve trecho de ida, previu que ficaria no vácuo mesmo, que nunca teria respostas, que talvez fosse humilhante, mas não tinha um NÃO. Nunca tivera um NÃO! No breve trecho de volta, pensou em toda aquela situação constrangedora, olhou aquele corpo esmorecido no sofá, não teve dúvidas. Ah, essa adrenalina toda vai ter de servir para alguma coisa! Na simples escolha entre luta ou fuga, com passos apressados, montou em cima dele, segurou seu rosto com as duas mãos e o beijou.

Um beijo. Todos os anos, quando os fogos de artifício iluminavam o céu de um novo futuro, ela fazia o mesmo pedido: um beijo dele. Era sempre seu desejo ao soprar as velinhas de aniversário, a primeira estrela da noite, o último assunto da conversa com Deus. Ela queria muito mais que um beijo, mas suas esperanças haviam desaparecido, perdidas na escuridão da ignorância, da falta de diálogo, de coerência e de respostas. Já havia deixado de sonhar tanto, mas nunca conseguiu espantar a vontade que tinha de um beijo dele. Seria tão difícil assim? Seria pedir muito?

Olhava os lábios dele, tão próximos, em seu quarto... por que não, meu Deus, por que não? Conhecia, como ninguém, o jeito que a boca dele se movia para pronunciar cada fonema, o jeito que os dentes dele ficavam expostos em seu sorriso, a rotação de seu dente canino, a curva acentuada de seu freno labial, combinando com a ponta do seu nariz de bolinhas. Imaginava como seria sentir sua boca junto a sua, se pudesse tocá-la com esta parte tão privilegiada da inervação humana. Sensibilidade aflorada em um passeio úmido pelo seu contorno, deslizando suave mais para dentro, mais para dentro... Sentir o ar quente sair de suas narinas em sua respiração alterada. Sentir seu gosto. Que gosto teria?

Essa era sua definição de desejo ardente. Não conseguiria se imaginar desejando algo da vida mais do que isso. Qualquer coisa, pense em qualquer coisa. Dinheiro, fama, poder, viagens, posição social, títulos... nada era mais importante que isso. De que adiantaria ter um corpo, uma boca, se ela não pudesse lhe proporcionar esta viagem? Era como sentia.

Somando todo o tempo, ela já estava, conscientemente, esperando este beijo há mais de cinco anos. Você nem percebeu o tempo passar, não é?! Tampouco Cláudia. Era muito tempo, considerando que incluía longas noites em claro.

Voltemos ao beijo. Você quer saber se ele reagiu, certo?

ALELUIA!

Porém, reagiu dizendo:

- Clá... espere... você não entende... – Retraiu o tronco e segurou seus ombros, levemente, como quem deseja afastar-se. Sutil, mas evidente, como somente Pedro seria capaz.

- Deixe eu te beijar! – E isso foi uma súplica.

Ele suspirou, amoleceu, soltando os músculos outrora rígidos, e sussurrou "deixo" deliciosamente. Entregou-se.

Doce. Ela sentiu um gosto, acentuadamente, doce, como nunca pensou ser possível em uma saliva. Era como açúcar transformado em algodão, que se dissolve em contato com a língua. Ele era macio e doce. Lembrou-se de tantas músicas e poesias que falavam desse doce, imaginava que não fosse real. Talvez as pessoas que escreveram isso também encontraram seu próprio mel, nos lábios de alguém tão amado.

Não demorou muito, ele voltou a se retrair, tentando conversar, desajeitadamente, entre uma pausa para respirar e outra.

- É que... tem muitas coisas complicadas... coisas que você.... é complicado.... eu não....

Ela parou. Saiu de cima dele. Sentiu-se a pior das mulheres, repulsiva, repugnante e inadequada. Sentiu vontade de chorar, mas se conteve.

A PORTA SECRETA DO AMOR

Agora só me faltava chorar, para completar esta humilhação.

HUMILHAÇÃO, palavra nunca antes tão bem definida. Ela tentou, jogou-se em cima dele, literalmente, ofereceu-se, e ele a rejeitou. Que vergonha. A esta altura, não importavam mais os motivos. Gay, irmão, sádico, cafajeste.. ele não a queria, simplesmente, não a queria. Fato.

Sentiu o peso de sua ousadia, embora tenha sido maravilhoso descobrir o doce de seu beijo, o preço amargo a pagar, no outro extremo, apresentava-se para durar. Tão poucos segundos, para uma vida a se arrepender. Não era justo, não valeu a pena. Pior, nem podia mais fantasiar sobre estar com ele. Sabia, na realidade, o tanto que ele a fazia viajar por entre nuvens de algodão-doce. Que imensa perda. Antes nunca tivesse conhecido isso. Tinha agora, como recompensa de seus atos inapropriados e invasivos, uma terrível referência. Quem poderia superar isso?

Sentiu inveja, pela primeira vez na vida, de alguém, das mulheres que passaram pela sua aprovação, que despertaram seu desejo, que puderam beijá-lo sob seu consentimento.

Não demorou para que ela o interrompesse, como se ele estivesse desenvolvendo qualquer raciocínio, não havia nada para interromper, afinal de contas. Ele estava buscando palavras que não passavam pela sua censura, como quem tenta dizer algo, sem querer dizer nada. Ela notou, pela quantidade de reticências em seu discurso desprovido de semântica, que ele pretendia mantê-la no buraco negro de sempre, sem respostas. Complicado... complicado... o único adjetivo permitido, desacompanhado de substantivos, verbos ou preposições.

- Está bem, Pedro. Desculpe-me, eu sinto muito. Você não precisa me explicar nada. Você nem deveria estar nesta situação, afinal. Eu não deveria ter feito isso. Mas eu tenho um pedido a fazer. Estou me sentindo muito mal, envergonhada, se você for embora agora, vou ficar com esse sentimento por todo o tempo, até vê-lo novamente. Eu queria, ao menos, tirar essa sensação ruim de dentro de mim. Eu já entendi tudo, prometo que nunca mais vou me encostar em você, mas, só por hoje, fica aqui comigo, dorme aqui?

Até pode parecer conversa de mulher que não se deixa abater, mas era bem ao contrário. Derrotada, ela estava sendo - cem por cento - sincera. Inclusive na promessa de não tocá-lo, nunca mais.

Se ele ficasse, poderiam ter tempo de mudar de assunto, ela poderia ficar mais tempo em sua companhia, abastecer-se de sua energia e, principalmente, contar com a incrível capacidade dele de fazer fatos desaparecerem no ar, como mágicos com suas cartolas ilusionistas.

Ela sabia que, em mais alguns minutos, toda aquela tensão inconveniente seria dissipada com a sutileza de um Oz, e ela, Dorothy Cláudia, daria meia-volta sobre seus calcanhares, seguiria a trilha dos tijolos amarelos de volta para casa, um pouco como um leão sem coragem, um homem de lata sem coração e um tolo espantalho sem cérebro, todos em uma só garota perdida.

Foi quando o inesperado aconteceu. Oz, o mágico, fez as glândulas, de alguma forma, ativarem-se, bombeando, com velocidade, a droga do corpo para cada célula dele. Ele ouviu o pedido dela, fechou os olhos, amoleceu, novamente, gemeu:

- Não diga isso...

Ela estranhou. Em um segundo, era a mulher mais repugnante do universo, em outro, a mais desejada. Percebeu, apesar da pouca inocência que ainda lhe restava, sua oportunidade.

- Fica? – repetiu, baixando o tom de voz.

- Não diga isso, por favor...

Seu tom era de um gemido, fechava os olhos, abria a boca (aquela boca), balançava a cabeça, completamente rendido. Seja lá qual for seu motivo misterioso, acabara de desaparecer. Suas resistências abriam guarda para um súbito desejo, tão evidente quanto profundo, antigo e inóspito.

- Fica?

- Mas e seus pais?

- Não tem problema.

Ela olhou no relógio, dez para meia-noite. Demorou a notar que seu relógio (novo) havia parado. Achou graça, o tempo parou, de qualquer jeito. Era, na verdade, uma da manhã. Ele telefonou para avisar a mãe, disse que acordaria cedo para ir com o pai ao interior, conforme combinado. Há poucos metros dali, Laura sorriu, com certeza.

Subiram as escadas, ela estava decidida. Apesar de ter gostado de ver a atração que ele demonstrou por ela, não havia se esquecido do fel de sua rejeição. Entraram no quarto, fecharam a porta como de costume, mas em circunstâncias totalmente diferentes.

- Tome, vista este short, deve servir em você. – Lançou-lhe um short azul, o mais confortável que tinha, e se cobriu com um cobertor para que ele pudesse se trocar.

- O que foi? Nunca viu homem de cueca? – brincou, usando um tom sarcástico, incoerente com sua atitude grosseira e nada filantrópica para com pobres mulheres indefesas e famintas, que roubam beijos por pura necessidade.

Ela nem respondeu. Abriu sua gaveta de possibilidades, não pegou seu pijama de bolinhas, nem sua camisola de renda, e sim uma opção "meio-termo", uma camisola de cetim com estampa floral, que deixasse claro que pretendia cumprir sua palavra, sem dispensar um leve charme.

- Vire-se de costas. – Ao que ele não obedeceu.

Vestiu-se em pé, por baixo do cobertor. Foi arrumar a cama para ele, no chão, ao pé de sua cama. Estendeu vários edredons, colocou um travesseiro, cobriu com aquele cobertor.

- Você vai passar frio.

- De jeito nenhum. Tenho outro cobertor aqui. Fique tranquilo. – Ignorando o tom sedutor que ele usava. Ela estava, verdadeiramente, cansada de falsos sinais. Montou num cara e roubou-lhe um beijo indesejado por seguir estes sinais. Não poderia se esquecer disso.

- Você vai passar frio, sim.

- Não vou, não! Já disse.

- Vem cá... – Deitado de lado, ele deixou um espaço em sua frente sobre a pequena pilha de edredons, e puxou o cobertor para o lado, expondo a camiseta amassada (por ela) e o short ridículo. – ... eu deixo você dormir aqui comigo.

O ar saiu de seus pulmões. Largou o cobertor sobre cama, que passaria fria pela noite, pela primeira vez. Caminhou até o interruptor de luz, lavando suas mãos de uma promessa que não teve possibilidade de cumprir. Minha parte eu fiz e farei. Vou deitar ao lado dele, e vou dormir. Pobre menina perdida. Tantas maças em sua cesta, pela estrada afora. Deitou-se ao lado dele, no único espaço que tinha, virando-se de costas, puxando o cobertor sobre seu corpo. "Boa noite", disse-lhe, sem beijo, sem virar o rosto, sem hesitar.

Eu poderia parar aqui. Terminar o capítulo, como naqueles filmes românticos em que a cena é cortada quando o homem puxa a alça do vestido da mulher, expondo seus ombros nus. A câmera focaliza uma lua através da janela e a próxima cena que vemos é o café da manhã, ou um barulho de pássaros cantando, ou uma árvore chacoalhando com a brisa matinal. O espectador deduz o resto.

Meu medo é prosseguir com detalhes e acabar vendo este livro ao lado daqueles cuja capa preta e imagens caricatas de mulheres e homens sexys, designam uma leitura imprópria para menores de dezoito anos e mulheres solitárias de qualquer idade. Não, de jeito nenhum! Nada contra, eles têm um público respeitável, afinal, mas você compreende. É um certo dilema, pois a diferença entre sexo e amor, que tanta gente tenta explicar, esses dois definiram como mestres, naquela noite.

Vamos ver como me saio, tentando um ponto de equilíbrio...

Ele passou o braço pela cintura dela, puxou-a contra seu peito, os quadris se encaixaram, seus lábios procuraram seu pescoço. Dane-se a promessa. Ela tinha, agora, muito mais do que um beijo, tinha o corpo todo dele para mapear com seus lábios. Ele estava entregue, e ela, autorizada.

O mesmo Pedro, que estava inerte há poucos minutos, mostrava-se intenso, despreocupado, extasiado. A mesma mão que estava apática, agora estava curiosa, urgente, buscando caminhos profundos para retribuir invasões de privacidade. Ali, ficou claro, ele não estava imune aos movimentos dela, estava reagindo como um vulcão, calmo e sereno segundos antes de explodir em lavas incandescentes. Fosse o que fosse que o estava impedindo, teve sua estrutura de concreto rompida, permitindo que uma força natural tomasse o lugar de escolhas prudentes.

Irmã, que nada. Gay, que nada...

Em momentos como este, a volúpia costuma assumir o controle. No entanto, aquela era uma linguagem única, uma leitura de luz feita por dois corpos, simultaneamente, o amor.

Longe de braguilhas de castidade e atitudes impertinentes, tocaram-se. O silêncio da noite foi, suavemente, quebrado por frases inesperadas, "O que está acontecendo? Eu nunca senti isso!", frases, inesperadamente dele. Eram aquelas as palavras que ela pensava que diria, sempre que suas fantasias ousavam chegar tão

A PORTA SECRETA DO AMOR

longe. Era daquele jeito que ela se imaginava, voando, flutuando, completamente emocionada e entregue. Assim também se sentia, a novidade era que não estava sozinha. Aquele amor era como uma luz vinda de cima, que não conseguia iluminar apenas um. Ambos estavam totalmente refletidos por ela, como atores embaixo de um holofote. O amor vem de cima, concluiu Cláudia, percebendo que a energia de seu peito estava ligada a algo maior.

"Quero te sentir por dentro..."

... e foi a frase mais erótica a que ela teve conhecimento. Não pelas palavras, sabe, não é nada tão inovador assim, mas pela intenção sincera por trás delas.

Sentir alguém por dentro.

O poder de um homem de adentrar um caminho secreto, e a cordialidade de uma mulher, de receber alguém que já percebe dentro de si, há tempos.

Mas não se anime muito. A próxima frase foi "você tem camisinha?", seguida da resposta: "não". Isso limitou um pouco, nada de visitas por esta noite, ainda assim, não pareceu fazer diferença. Ela até pensou que seria bom, porque a salvaria de referências ainda piores.

Antes que a noite findasse, impregnados um no outro com o elixir daquele êxtase, ele se deitou sobre os edredons, puxando-a contra seu peito com a força de um leão, encostou a cabeça dela sobre seu coração e chorou. Apertava a cabeça dela com os dois braços e chorava. Seu choro fazia seu peito pular, soluços e golpes de ar que saíam a solavancos de sua boca. O que está acontecendo? Ele parou: campo de verdes pastos. Silenciou, dormiu abraçado com ela.

Fim.

"Eu sei que vou te amar, por toda minha vida eu vou te amar, em cada despedida eu vou te amar, desesperadamente, eu sei que vou te amar..."
(Eu sei que vou te amar - Vinícius de Moraes e Tom Jobim)

Na manhã seguinte, bem cedo, acordaram com o despertador, para que Pedro pudesse sair com o pai para o interior, conforme combinado. Mais cedo do que a rotina de Cláudia, que poderia pegar o ônibus para a faculdade um pouco mais tarde.

Devido ao horário de galo, nem acordaram os pais dela. Ele usou o banheiro, colocou a roupa amassada pelo ataque de vampiras desgarradas. Ela pegou a primeira roupa em seu armário, pronta para seguir um dia cheio de estudo e estágio. Saíram de casa na ponta dos pés, ela entrou no carro dele, que estava parado do outro lado da rua, foram juntos por cerca de vinte segundos, até o portão de sua casa. Não falaram nada. Ele estava introspectivo, pensativo, poderia se dizer em choque. Ela estava flutuando. Saiu do carro, trocando um selinho.

- Tchau, boa viagem.
- Obrigado. Cuide-se.

Ele entrou em casa e o ônibus dela passou, logo em seguida.

Cláudia passou o dia em outro mundo. Plenitude em seu maior grau, além de outro sentimento, extremamente novo, pela primeira vez na sua vida, ela se sentiu BONITA. Lembrou-se de tantas vezes em que desejou saber como era se olhar no espelho e se sentir bonita. A menina repugnante dava cambalhotas de alegria, linda,

linda!!! Todo aquele amor fez a inveja que alcançara seu coração se dissipar, deixando um orgulho inédito de si mesma e a sensação de luz, beleza, felicidade e amor. Ela era AMADA!

O amor dele por ela, agora, era uma certeza. Ela continuava não compreendendo nada, permanecia em seu estado de ausência completa de respostas e coerência, mas SABIA, com toda certeza do mundo, o que ele estava escondendo, tão bem, por tantos anos: o amor! Um amor correspondido à altura. Uma reciprocidade de luz, vinda de cima. Era apenas uma questão de dias, para que ele se rendesse e para que eles ficassem, finalmente, juntos. Não era mais possível negar, havia um sentimento evidente, intenso e irreversível, unindo dois corações.

Na hora do almoço, combinou de encontrar Alice antes do estágio, contou tudo a ela.

- Nossa, Cláudia, nunca vi você tão feliz! Você está iluminada, radiante! – comentou Alice. Cláudia estava mesmo chamando a atenção. Era como farol em noite sem lua, tamanha sua luz.

No fim de semana, Cláudia não saiu, preferiu ficar ao lado do telefone, esperando ele ligar.

No domingo à noite, já estava preocupada e saudosa. Ela não via a hora de ele ligar e ouvir o que teria a dizer, depois de ter processado melhor tanta informação.

Bem. Você sabe, depois de domingo vem segunda, terça, quarta, quinta e sexta-feira, se não me engano. São dias que vem e vão, todas as semanas, a mesma coisa, nossa rotina é quase igual, desconsiderando feriados, festas e aniversários. Temos também, as estações do ano. Era o final de uma primavera, segundo a translação terrestre, mas no coração de Cláudia, impiedosamente, estava tendo início um rigoroso inverno.

Chegou o sábado, nenhum sinal de Pedro. Ela pensava que ele estivesse preparando alguma coisa, planejando vir conversar com ela no fim de semana, organizando alguma coisa para incluí-la em sua vida, detalhes, coisas que tomam tempo quando somadas à rotina de milhares de tarefas. Mas era noite, ele não ligou.

Interessante essa coisa de telefone. Hoje em dia, os celulares quase não fazem jus ao nome. Antes fossem chamados secretárias digitais, banco de dados portátil, inteligência móvel ou até, quem sabe, recebessem um nome próprio, como Charles ou Siri, para alguns. Fazem de tudo, muito mais do que uma ligação. Praticamente, tudo mais do que ligações. Naquele tempo não era assim, telefone era telefone. Ficava lá, no mesmo móvel, com um tantinho aceitável de poeira por entre as teclas, esperando a vez de cumprir sua função. Ela não conseguiria se distrair mexendo em aplicativos furtivos, ou vasculhando a vida alheia no mural do Facebook. Neste caso, fica muito mais difícil esperar que alguém faça aquela porcaria tocar. Justamente por isso, ela cansou e, por fim, ligou para ele. Não dava para competir com aquela chatice.

- Clá!!! – atendeu ao telefone, prontamente, o mesmo Pedro.
- Oi... tudo bem...? – disse usando, com propriedade, reticências suficientes para que ele aproveitasse a chance de dizer algo.
- Tudo ótimo! E com você?

Cada palavra que eles falaram depois disso foi doída, para Cláudia. Um vazio completo de sentidos, de informação. Como uma conversa entre vizinhos cordiais, que se cruzam no elevador e comentam sobre o clima, a última assembleia do condomínio (à qual não compareceram), sem ter nada para dizer. Um golpe fulminante em seu coração cheio de flores. Um ataque com bomba atômica ou coisa assim.

A coisa engraçada dos romances, especialmente, das ficções, é o quanto tudo parece exagerado, artificial. Como isso, por exemplo, "um ataque com bomba atômica", argh! Melodrama. No entanto, todo mundo já sentiu isso. Com o tempo, com a "experiência" e a "maturidade", apenas aumentamos o limiar de dor. As coisas precisam ser mais duras, maiores, mais "tempestade" e menos "copo d'água", para parecerem com uma bomba atômica. As pessoas ficam mais "fortes", mais "calejadas", é o que dizem. Para mim, parece o contrário, as pessoas ficam menos sensíveis e menos humanas, e deixar uma moça apaixonada sem respostas, após uma noite do amor mais puro que já vivera, deveria ser, absolutamente, normal. Parece simples, um velho clichê: ele não ligou! O que pode haver de tão mau nisso?!

No manual do proprietário consta claramente: homens que não te ligam, não estão a fim de você. Ponto final. Perdoe-me por não poder citar referências, são tantas!!! Ah, mas de fato existe uma vasta literatura comprovando isso! Partindo deste princípio, já foi uma grande humilhação ela ter ligado. Mas a pior parte foi ter se deixado entrar na conversa mole, como espectadora fiel de seus truques de mágica, vendo seus melhores momentos desaparecerem da área que registra fatos reais em seu cérebro. Pedro fazia tudo desaparecer, era como se nunca tivesse acontecido nada, e ela assentia.

Por quê?

A PORTA SECRETA DO AMOR

Por quê?
Por quê?
Outra coisa ficou clara, depois disso: Pedro a amava, mas ela era PROIBIDA para ele. Por quê? Proibida. Ele fugia de ter de dar respostas, e ela o ajudava, facilitando com a completa ausência de perguntas.

Não era nada que pudesse convencer-se. Não era por orgulho, não era por causa de seu profundo amor, era pelo fato de não existirem dúvidas quanto ao amor dele por ela, que Cláudia não pôde aceitar a ideia de que ele não estava a fim. Ela estava ali. Ela viu tudo, ouviu tudo, sentiu tudo. Aquilo era real. Aquilo era AMOR!

Tentando organizar seus próprios sentimentos, voltou a escrever.

"Tão leve, doce, amargo e ardente o veneno abençoado que carrego nas veias.

Se existe algo que não pode ser tocado é o poder deste amor.

Se existe algo que não pode ser violado é a pureza de seus anseios.

Se existe algo que não pode ser explicado é a certeza de ser infinito, de ser real por ser invisível, de ser ilusão sobre o que é verdadeiro, de ser a verdade num mundo de ilusões.

Se existe algo que nos aproxima de DEUS, então é disso que estou falando.

Você me ensinou a coisa mais importante que aprendi nesta vida: amar. Amar no sentido de que nunca nenhuma palavra foi capaz de traduzir, nenhum poeta jamais chegou perto de definir e nada neste mundo é capaz de codificar, mas quando o AMOR enche de luz os olhos frios de um ser humano, qualquer pessoa compreende o seu significado.

Eu toquei você como nunca havia tocado ninguém. Foi como se há muitos milhares de anos eu estivesse esperando para sentir aquele calor, aquela pele, aquele pedacinho de você nas minhas mãos. Acredite, aquele toque vai durar para sempre em minha existência, e vai aquecer meu coração nas noites frias, quando a saudade escurecer meus dias, quando a distância angustiar meus pensamentos.

Graças a Deus, este momento não foi deixado para trás.

Na escuridão, na tempestade, em um oceano de incertezas, você é o farol que ilumina meu caminho. É a fé que carrego no coração.

Fique com Deus."

Alguns meses depois, Pedro concluiu seu curso na universidade.

No dia da colação de grau, que seria no interior, Cláudia foi à casa de Laura, mãe dele, pois havia combinado com ela de irem juntas.

- Entre, querida. Estou terminando de separar umas roupas. – Conduziu-a à lavanderia, para aproveitar o pouco tempo que tinham até o horário de sair.

Não falaram sobre Pedro, nem Cláudia, falaram sobre Laura.

Laura era uma mulher incrível! Daquelas pessoas que te cativam logo de cara. Sorriso no rosto, brilho nos olhos, um coração gigante. Tiraria a roupa do corpo, se alguém precisasse. A gente acaba conhecendo alguém assim, cedo ou tarde, e sempre admiramos, pois é uma das qualidades raras no ser humano, hoje em dia: solidariedade.

Pode-se dizer que Laura tinha a capacidade apurada de amar. No fundo, Cláudia acreditava que, por traz daquela alegria espontânea, havia uma mulher machucada, que não se entregava aos dissabores que a vida lhe proporcionava.

Naquela conversa, Laura contou que fora traída por seu marido, e que, durante muito tempo, manteve um casamento "de aparências", para zelar por sua família. Isso ela fazia como ninguém, era mulher de cama, mesa e banho. Doava-se inteira para os seus homens: o marido e os dois filhos.

Ela tinha um casamento tradicional: o homem era o provedor, a mulher, a cuidadora. Cuidar era, a propósito, sua vocação. Em uma sociedade como a nossa, esses valores têm dificuldade para mudar. Apresentam resistência, mesmo hoje em dia. Naquela época, isso era evidente, havia muitas Lauras de portão em portão. Um modelo, pode-se dizer, machista, patriarcal, no qual a mulher consente. O marido cuida da parte "mais difícil", trazer o sustento, o "pão de cada dia", em troca de roupa impecável, casa limpa, filhos criados, serviços particulares e consentimentos.

Tudo bem, se ele quer chegar mais tarde. Tudo bem, se ele quer jogar com os amigos. Tudo bem, se ele quer passar o domingo no futebol ou na pescaria. Tudo bem, tudo bem, e sorria. E se a camisa chegar com cheiros estranhos ou manchas de batom, use alvejante. É bom deixar de molho, em uma pré-lavagem, no sol. O batom poderia ser da esposa que, por acidente, manchou a gola do marido, ao chegar em casa, se ela tivesse tempo de usar batom. O telefone de casa começa a tocar, sem que haja ninguém do outro lado para responder ao "alô". Pequenas coisas que vão deixando um rastro de dor pelo assoalho encerado.

A PORTA SECRETA DO AMOR

TRAIÇÃO. De todos os tipos de traição, dizem que a mais doída é a de marido e mulher. Uma família, uma promessa diante de DEUS, uma aliança de fidelidade entre duas pessoas que compartilham, praticamente, tudo, o lar, o alimento, o descanso, o banheiro, os problemas, os bons e maus momentos, as travessuras dos filhos, o dinheiro, os planos, o colchão. Dividem o prazer e a dor, em porções, quase sempre, desiguais.

Um casamento é mais do que uma sociedade, é uma conquista, é o sonho de viver e envelhecer ao lado de alguém, cumprindo a essencial necessidade humana de amar e ser amado. Duas pessoas que conhecem aspectos profundos e particulares de si mesmos, como ninguém mais no mundo, conhecem o mel e o fel de quem vemos, por aí, na superficialidade da cortesia social.

O cônjuge é cúmplice de nossos fracassos, da nossa procrastinação, da nossa falta de disciplina em coisas que precisamos mudar. É, também, a testemunha de nossa força, dos momentos em que nos superamos, a testemunha da vida que passou diante de nós, conscientes ou não.

Acima de tudo, é alguém que compartilha as memórias, as lembranças doces que levaremos da vida, o choro do bebê, o riso da criança, as páginas do diário pessoal que nunca será escrito, que existe na sua mente e na mente de quem está ao seu lado, até o fim.

De repente, você descobre que esta pessoa, este cúmplice, este amigo, este amante, seu marido, está se relacionando com outro alguém. A única parte que era só sua, a intimidade de seu prazer, de sua entrega, de seu corpo despido das peças que você lavou, passou e guardou na gaveta, que andaram jogadas em algum lugar por aí.

Laura entregou-se tanto à família, que já não se conhecia, não se importou com os quilos que se acumularam ao longo do tempo. O papel de cuidar dos outros não permitiu o espaço para cuidar de si mesma. Talvez tenha sido isso, uma esposa descuidada, e um marido com apetite para boas carnes.

Se fosse ao contrário, seria como uma mulher que trai o marido porque ele fica muito tempo fora, dedicando-se ao trabalho e resolvendo problemas, trocando tempo, esforço e saúde pelo dinheiro que pagará as contas do lar, que sustentará o "padrão de vida" da mulher e dos filhos, padrão que ele, na maioria das vezes, não tem tempo de usufruir.

Não soa bem. Nem de um lado, nem de outro. Isso machuca, profundamente.

Por que fui me dedicar tanto? Para que tanto capricho? Onde foi que eu errei? São retóricas que roubam o sono e a alegria.

A ferida que dói mais é a percepção de desamor, de que o ser amado não corresponde o sentimento. Laura não se sentia amada, como merecia.

Seus filhos estavam criados, seu casamento, findado. Laura estava, injustamente, só.

No caminho para a colação do primogênito, Cláudia conheceu um pouco mais sobre a sombra por trás do sorriso de Laura, admirando-a ainda mais. O pai de Pedro iria direto para lá, em seu carro de separação de bens.

Quase em cima da hora, Laura correu para o setor onde os pais se sentariam. Cláudia se sentou nas últimas fileiras do anfiteatro, sozinha. Por que eu estou aqui? E logo convenceu-se de que merecia fazer parte daquele momento, tão especial e ímpar na vida de Pedro. Acompanhara tudo, tão de perto, nem tanto como gostaria, certamente. Ainda assim, era um marco, o fim de uma trajetória e o início de toda a vida que estava por vir.

Foi emocionante assistir àquela cerimônia! Pedro foi buscar seu canudo das mãos do Professor Doutor. Na plateia, bem pertinho do palco, duas pessoas que trilharam juntas um longo caminho, cheio de dificuldades, desafios e alegrias, não estavam de mãos dadas. Que pena. Momentos como estes são, afinal, os louros do casamento, dos quais ambos foram privados pela droga do corpo de alguém. Ou quem sabe, terá sido amor... mas amor incompreendido. Lágrimas desceram pelo rosto de Cláudia, tingindo a pele clara de rímel. Limpou-se. Chega. Hoje é um dia feliz.

Ao fim da cerimônia, os formandos puderam descer do palco e encontrar seus familiares. Assim que Cláudia se levantou e saiu de sua fileira, avistou Quinho ao lado de uma bela mulher.

- Oi, Cláudia! Quanto tempo! Esta é Camila – apresentou Quinho.

- Muito prazer – disse Cláudia, sem graça, desejando não estar ali.

Por um momento, os três ficaram mudos, parados, esperando Pedro chegar. Ela pensou em ir embora, mas não pôde dar comando neural aos músculos que deveriam mover suas pernas para fora dali. Ficou como estátua de pedra, enfeitiçada pelos cabelos de cobra da Medusa, ou coisa assim.

Mais gente foi chegando, cumprimentado Quinho e Camila, sem saber da existência de Cláudia. Parentes, amigos, quem sabe... Os pais de Pedro chegaram. Júlia, a ex-namorada de Pedro do tempo de faculdade, aproximou-se do grupo. Cláudia a conhecia por uma foto que Laura tinha num porta-retratos. Meu Deus, como é linda. O que será que faz aqui? Será que voltaram?, pensou.

Lá vinha Pedro. Foi parando no aglomerado de pessoas, abraçando um por um. Assim que avistou Cláudia, no final da "fila", fez uma expressão de derreter o coração! Aquela luz invadia seu olhar, sorriso aberto, uma inspiração forçada visível. Euforia! Apressou-se em driblar os seguintes para alcançá-la, deixando-a constrangida. Pedindo licença, recusando mãos que tentavam pará-lo para um abraço, Pedro passou seus antebraços pelo corpo dela, enterrando a cabeça em seu ombro.

– Clá... que bom que você está aqui! – sussurrou.

Normalmente, ela estaria perdida em um tempo que não existe, no silêncio do agora, sentindo o abraço ecoar na imensidão de um outro lugar. Mas daquela vez, não. Ela ficou paralisada, sem graça, olhando em volta as pessoas com olhares curiosos. "Quem é essa moça?", parecia a pergunta estampada em faces desconhecidas. Exceto pela expressão decepcionada de Júlia, numa moldura loira de cabelos de boneca, que estava quase ao lado de Cláudia quando ele avançou nela, ignorando-a também.

Era impossível não se sentir especial, com ele agindo assim. Era impossível não ver o amor que havia entre eles, todos ao redor, testemunhas tácitas de uma luz, que vinha de cima. Focos do holofote a se separarem, dando vez a outros, no abraço de felicitações.

– Nós vamos jantar, vem com a gente? – convidou Pedro.

– Não, Pedro. Obrigada. Eu preciso voltar. Só queria mesmo te dar este abraço.

– Não... vem com a gente! Não vai demorar! – insistiu, segurando suas mãos e as puxando para si.

– Não posso mesmo. Mas obrigada! Fique com Deus.

E com um último abraço, despediram-se.

"E o futuro é uma astronave, que tentamos pilotar. Não tem tempo, nem piedade, nem tem hora de chegar. Sem pedir licença, muda nossa vida, e depois convida a rir ou chorar."
(Aquarela - Vinícius de Moraes e Toquinho)

Início de um novo ano, janeiro. Quase um mês após a colação de grau de Pedro, e Cláudia ainda não tinha notícias dele. A única coisa que sabia, há algum tempo, era que ele havia sido aprovado em um concurso na Marinha, e ficaria em treinamento durante um ano, no litoral.

Um ano sem ver Pedro, sem se abastecer de energia na sua presença. Ela não sabia a data de sua partida, mas estava esperando que ele ligasse para uma despedida. Com certeza, não era algo que demandaria muito tempo, ele tinha muitas providências a tomar antes de ir.

Ela estava procurando a chave na bolsa, em frente ao seu portão, quando ouviu o barulho de um carro se aproximando. Seu coração disparou, sozinho. Pedro. Antes de olhar para trás, ouviu o carro parando, repentinamente, em sua calçada. A porta do carro se abriu.

- Clá!!! – gritou Pedro, e correu para abraçá-la.

O susto fez o molho de chaves cair no chão. Ela retribuiu o abraço, desajeitadamente. Pedro se voltou para abrir a porta do passageiro, e uma moça saiu de dentro do carro.

- Esta é minha namorada, Sandra. Sandra, esta é a Cláudia.

Era a primeira vez que Cláudia fora apresentada a uma namorada

A PORTA SECRETA DO AMOR

de Pedro, principalmente uma que não fosse loira; cabelos e olhos castanhos num rosto pálido, pode-se dizer, alguém normal, sem aquela exuberante e desaforada beleza das rivais precursoras.

Talvez tenha sido por causa do efeito adrenérgico de suprarrenais que, realmente, funcionavam bem (mesmo sobrecarregadas), da situação inusitada, da repentina erupção vulcânica que se formou no coração de Cláudia, a reação impensada dela foi abraçar a garota. Não foi um abraço comum, como aqueles que, raramente, damos em alguém que acabaram de nos apresentar. A resposta mais comum seria um sorriso, um aperto de mão ou um beijo no rosto. Aquele abraço forte e demorado demais para a etiqueta social em situações assim delatava um coração partido. Poderia ser possível, inclusive, sentir a massagem peitoral provocada por intensa taquicardia. Foi um abraço mais parecido com o de uma sogra que abraça a nora nos cumprimentos do altar, "Cuide dele para mim", do que com "Muito prazer em conhecer". Na verdade, era essa a intenção: cuide dele, por favor.

Pedro interrompeu o abraço e disse:

- Estou indo embora hoje. Vou passar em casa, pegar as coisas... – E concluiu: - Espere um pouquinho! Eu vou deixá-la em casa e volto já! Eu volto já! – Entrou no carro, que sumiu virando a esquina.

Essas foram suas últimas palavras. Para ela, não houve outro momento, não houve depois. Somente a expectativa, parada ali na frente do portão, sem saber que não ouviria mais o som de sua voz. Ah... se ela soubesse. Se tivesse tido a oportunidade, o que diria? Se pudesse escolher suas últimas palavras, quais seriam? E agora, como podemos tirá-la de lá? Fazê-la virar as costas e, por fim, entrar em casa.

O molho de chaves ficava tilintando nas mãos ansiosas e suadas de Cláudia. O sol estava se pondo, ela havia passado a tarde toda lá. Não teve forças para subir as escadas, sentou-se no degrau, encostou-se às barras de ferro de um portão que passou horas sem ser aberto, representando um cárcere que chegava para ficar. Cada minuto passado na ausência de Pedro foi pintado por uma aquarela de abandono, cinza e preta, uma pintura vazia, fria e amorfa.

Mergulhou um pouco mais. Quanta tristeza havia naquele

poço fundo de seus sentimentos, quanta falta de lógica, quantas lacunas, quanta humilhação, um buraco negro, que a Ciência não conseguiu explicar. Completa ausência de luz, sob um pôr de sol imune ao lixo humano.

Anoiteceu. "Vamos, Cláudia, levante-se. Vamos subir.", disse-lhe uma voz. Segurou-se nas barras de ferro, moveu suas pernas adormecidas, deixou cair as chaves mais uma vez, tremendo de fome e cansaço. Ela não ficou lá todo esse tempo, esperando por ele. Passados vinte minutos, ela já sabia que ele não viria. Todo o resto do tempo, Cláudia ficou tentando entender. Não entendia. Depois, ficou tentando imaginar sua vida sem ele, imaginar-se sem aquela plenitude, sem aquela força, aquela energia, aquele sorriso, aquele olhar...

Cláudia subiu as escadas, entrou em casa, mas continuou parada naquele portão, presa às grades de ferro, em uma clausura sentimental, que lhe roubou a capacidade de amar. Nem Terra do Nunca, nem Crocodilos, nem País das Maravilhas, nem mundo do mágico de Oz; ela era bem-vinda ao mundo vazio da falta de amor: o inferno. Um sono de cem anos à espera de um despertar. Perdeu-se.

Logo depois disso, ela faria aniversário. Tinha certeza de que ele ligaria. Nos últimos dez anos, ele nunca deixou de ligar no seu aniversário, e a maioria deles contou com sua presença física. Era a data favorita dele para demonstrar amor por Cláudia.

Ela acordou feliz, hoje falarei com ele! Manhã, tarde e noite.... meia-noite. Ele não ligou.

Alguns dias depois, preocupada, ligou para o celular dele (fim da Era Paleolítica da telefonia). Caixa postal. Insistiu. Caixa postal. Ligou outros dias e outros dias. Caixa postal.

Telefonou para a casa de Laura, o telefone ficava mudo. Foi até a casa dela para buscar notícias. Em frente ao portão, deparou-se com uma coisa que congelou sua medula óssea: uma placa com os dizeres "Vende-se". Sentindo um aperto no estômago, tocou a campainha. Tocou novamente. Olhou os papéis de pizzarias e panfletos jogados na garagem vazia, sujeira como nunca vira na garagem daquela mulher zelosa. Segurou-se nas barras de ferro do portão, chorou.

Cláudia não tinha nada, nem um telefone, nem um endereço,

nem um e-mail, nenhuma pista, nada que pudesse ajudar a localizar Pedro e sua família. Contato zero.

O que aconteceu? O que foi que aconteceu? Surpreendia-se com a capacidade que uma ferida tem de aumentar. Até mesmo Laura, partira sem deixar rastros.

Não demorou muito para que Cláudia encontrasse sua resposta. Pedro estava morto.

LUTO. A dor da perda se apresentava mais aguda, mais duradoura, fazendo Cláudia experimentar instantes de insanidade, depressão e apatia. Não soube nada sobre o que ocorreu, acostumada com seu buraco negro. Sentia seu coração sofrer, pulsando ondas de um magnetismo mórbido, pelo fato de ele não fazer mais parte deste mundo, do mundo dela.

Preocupado com ela, o pai de Cláudia entrou no quarto, sentou-se ao lado da cama.

- Por que você precisa gostar dele? Por que não pode deixá-lo ir?

As perguntas do pai fizeram Cláudia refletir. Foi a primeira vez que ouviu alguém dizer que ela precisava gostar dele. Começou uma busca para tentar descobrir o porquê de não conseguir deixá-lo ir, o porquê de ainda estar, apesar de sua morte, esperando por ele no portão de casa.

Sentia sua ausência demais. Escreveu-lhe mais uma carta, para se juntar a tantas outras, de tanto tempo, para que pudesse ler em outra realidade, na esperança de que sentisse algo diferente do que sentia quando lia as anteriores, mas nada mudava. Era uma coletânea de amor, fé, esperança e solidão, no papel. Cartas que nunca foram lidas, por ninguém mais.

"Que o seu sorriso seja o sol dos dias de tempestade.
Que seja a luz que ilumina corações escuros.
Que seja paz para almas angustiadas.
Que traga brilho para os olhos que choram.
Que traga um sorriso para as bocas que calam.
Que seja eterno.
Que o seu sorriso seja um veneno doce, que salva e mata, que mata e salva.

Que ele traduza o ser humano que você é, que com apenas um sorriso, transforma dor em fascinação.

Que brilhe, eternamente, no peito de quem o viu, e que esse brilho alivie o ardor de quem não vai vê-lo mais."

Cláudia se apegava às cartas e às letras de músicas que falavam ao seu coração. Sua favorita, a do rei, Roberto Carlos, Outra Vez. Na arte, grandes artistas conseguem traduzir sentimentos que parecem viajar entre os terráqueos, visitando-nos e imprimindo em nós uma marca de familiaridade, que nos torna capazes de reconhecer o que se buscou exprimir em palavras, versos, cores e formas. A verdade se comunica pela tecnologia dos fios de luz, algumas vezes, podemos pensar que a obra foi feita para nós.

Aqui cabe citar alguns velhos amigos, Foucault, Bakhtin e Osakabe, que nas últimas décadas do século passado, escreveram uma teoria sobre a análise do discurso, uma metodologia para retirar a mensagem implícita nas frases, a compreensão do significado de cada estrutura gramatical, a semântica de cada palavra, o conjunto da obra para além do entendimento espontâneo e reducionista. Essa metodologia contribuiu, expressivamente, com as pesquisas científicas qualitativas no mundo todo.

Como eles diriam, as palavras não significam nada, somente os homens significam por meio de frases e palavras. Palavras são apenas códigos, sua interpretação depende de um sistema mecânico de tradução. SENTIDO é construído a partir de reflexão e sensibilidade.

Bakhtin, por exemplo, compreende que os discursos são peculiares a um estrato específico da sociedade; assumem, por exemplo, características de um grupo etário, de uma profissão, e são influenciados pelo contexto e momento histórico. Não é apenas uma questão de semântica, mas das condições de aparecimento do discurso, ou seja, do seu contexto.

Em síntese, palavras devem ser analisadas no conjunto total da obra, considerando o contexto, o momento histórico, o sentido implícito na combinação proposital de estruturas de linguagem, usando como ferramenta a reflexão e a sensibilidade.

A PORTA SECRETA DO AMOR

Vamos aplicar esta metodologia para analisar a obra do "rei" (linhas numeradas).

1. Você foi o maior dos meus casos
2. de todos os abraços, o que eu nunca esqueci
3. Você foi, dos amores que eu tive, o mais complicado e o mais simples para mim
4. Você foi o maior dos meus erros, a mais estranha história que alguém já escreveu
5. e é por estas e outras que a minha saudade faz lembrar de tudo outra vez
6. Você foi a mentira sincera, brincadeira mais séria que me aconteceu
7. Você foi o caso mais antigo, o amor mais amigo que me apareceu
8. Das lembranças que eu trago na vida, você é a saudade que eu gosto de ter
9. Só assim, sinto você bem perto de mim, outra vez
10. Esqueci de tentar te esquecer
11. Resolvi te querer por querer
12. Decidi te lembrar quantas vezes eu tenha vontade, sem nada a perder
13. Você foi toda felicidade, você foi a maldade que só me fez bem
14. Você foi o maior dos meus planos e o maior dos enganos que eu pude fazer
15. Das lembranças que eu trago na vida, você é a saudade que eu gosto de ter
16. Só assim, sinto você bem perto de mim, outra vez

"Você", interlocutora sem nome, sabe a quem se refere. Embora possa se referir a tantos outros que se identificam com a mensagem. Usando o verbo ser no pretérito, indica-se o passado, "você foi", mas isso está sendo dito agora, um passado presente. Ser o maior dos casos de alguém pode remeter ao sentido literal de "casos", apenas uma aventura passageira, sem compromisso, ou se pode compreender "casos" como conjunto de histórias que tiveram começo, meio e fim, e que por qualquer razão esteja sendo usado com duplo sentido, atribuindo menor importância a algo que represente "o" abraço impossível de esquecer.

Alguém que faz um balanço de experiências vividas e as chama de "amores" contradiz o sentido de aventura que acabou de ser usado, com a palavra "casos". O amor "mais complicado" diante de todos, quando visto de fora, porém, "o mais simples pra mim", a forma mais simples de amar, amor que se revela pura energia, o sentimento que é, e dispensa explicações.

A pessoa que representa "o maior dos meus erros", um julgamento contrário à verdade, um engano, um equívoco. A verdade do sentimento se camuflou na imperícia dos gestos do ser amado, criando um duelo entre o que se sente e o que se vê, um abismo entre o mundo invisível e o visível, sendo este último considerado errado. O ser amado, o amor e o sentimento fazem parte do mundo invisível. Os gestos que levaram à interpretação de "erros" fazem parte do mundo visível. "A mais estranha história que alguém já escreveu" (linha 4), incluindo todas as obras da humanidade, a história incomum pela falta de sentido, lacunas e espaços vazios, fatos enigmáticos e misteriosos. "E é por estas e outras", que se justifica a saudade como culpada pelas lembranças, que o fazem reviver "outra vez", trazendo para o presente um passado que não passou.

"A mentira sincera", "brincadeira mais séria" (linha 6) são construções antagônicas que representam paradoxos perfeitos, um ligado ao visível, que se relaciona com os "erros" – a mentira. Outro ligado ao sentir – que traz a sinceridade. Depois, a ordem desses conceitos se inverte, vem primeiro a "brincadeira", que traduz leveza, alegria e espontaneidade; em seguida, o senso de seriedade. A inversão desses sentidos e representações remete ao caos que o indivíduo vive na tentativa de compreendê-los; ora é uma coisa, ora outra.

Na linha 7, ele volta a colocar as palavras "caso" e "amor" juntas, reforçando o duplo sentido, imprimindo no elemento temporário - "caso" - a dimensão de tempo (mais antigo) e associando ao outro o contexto da amizade, amor mais puro e duradouro, "o amor mais amigo que me apareceu", um amor verdadeiro que ele não procurou, apenas apareceu.

"Esqueci de tentar te esquecer" (linha 9), o verbo tentar traz consigo a possibilidade de fracasso, que de fato ocorreu. Em vez de ter êxito em esquecê-la, ele se esqueceu dos motivos para tal feito. Aceitou seu sentimento, 'sabendo não ter chances de sobreviver à luta', e sem luta, já não tendo mais expectativas, não tem "nada a perder", pode se permitir lembrá-la à vontade. A lembrança é a ponte entre o passado e o presente.

Felicidade é estado de alma, pertence ao invisível, "toda a felicidade" foi representada naquela pessoa, ao lado da "maldade que só me fez bem", seus gestos profanaram o amor, que ainda assim não foi maculado. "O maior dos meus planos e o maior dos enganos", amor que se desejou no futuro, na eternidade, que não pôde se concretizar na dimensão do tempo. O engano de querer determinar cronologia em algo atemporal.

"A saudade que eu gosto de ter" é a presença etérea conectada. Embora haja o senso comum de que não é bom ter saudade, ele tem a consciência de que não há outra maneira de viver no mundo visível, no qual tudo passa a ser conjugado em tempos verbais que mudam, incansavelmente, sem que estejamos conectados uns aos outros, na dimensão infinita do sentir. "Só assim, sinto você bem perto de mim, outra vez" – a única forma, o sentir vence a barreira do espaço-tempo, "bem perto de mim" – 'dentro, fora, acima, abaixo, ao redor'. "Outra vez", um passado que não passa, respeita minha vontade e volta a ser agora. Um presente que ecoa no infinito. A tentativa de usar o recurso de repetição "Você foi"... "Você foi"... sem que possa se perceber findado. O "eu" que se mistura com o "nós", a ausência de individualidade, o sempre, aquilo que o visível não encontra explicação, e só se pode traduzir com paradoxos, antônimos e figuras confusas de linguagem inútil.

Apesar de reforçar, tão claramente, a importância do contexto, do meio social e do momento histórico para empregar a análise do discurso e encontrar sentidos implícitos, isso com certeza não se aplica a mensagens atemporais, que não se importam muito com História ou Geografia.

Para sustentar esta ideia, voltemos um pouco no tempo, vamos usar, como exemplo, um soneto de Luís de Camões, poeta português do século XVI.

1   Amor é fogo que arde sem se ver
2   É ferida que dói, e não se sente
3   É um contentamento descontente
4   É dor que desatina sem doer
5   É um não querer mais que bem querer
6   É solitário andar por entre a gente
7   É nunca contentar-se de contente
8   É um cuidar que ganha em se perder
9   É querer estar preso por vontade
10 É servir a quem vence, o vencedor
11 É ter com quem nos mata, lealdade
12 Mas como causar pode seu favor, nos corações humanos amizade,
13 Se tão contrário a si é o mesmo AMOR?

Mais de quatro séculos antes da letra de um ícone da música brasileira, alguém já usava a mesma figura de linguagem: PARADOXO, conjunto de ideias contraditórias, o que nos leva a enunciar uma verdade com aparência de mentira. Um dos mais brilhantes exemplos deste conceito dualístico sobre o amor, um marco do lirismo português.

Mas onde está a verdade e onde está a mentira? Mais do que isso, afinal, é mentira ou verdade? Para elucidar, mais uma vez, vamos trazer o contexto do visível e do invisível. "Fogo que arde sem se ver", "ferida que dói e não se sente" representam dois mundos, duas dimensões. É um contentamento, alegria, entusiasmo, apesar disso, o ser está descontente. Algo que pode ser, em outra dimensão, o oposto do que se percebe na nossa, naquela que chamamos de 'realidade'. Dor da alma que desatina sem que haja dor física diagnosticável. Amor é o cuidado que se ganha em se perder, perder a noção do que se conhecia como "real", reconhecendo que quando cuidamos, doamos, porém, somos nós que temos a ganhar. Ganha-se em um mundo e se perde em outro. "Querer estar preso por vontade", a antítese que sucumbe o desejo genuíno por

A PORTA SECRETA DO AMOR

liberdade e paz. Sabe-se, por fim, que liberdade só é possível à luz da verdade do amor, mesmo que aprisione a mente, liberta-se a alma.

"Servir a quem vence, o vencedor" (linha 10), o sentimento é o vencedor, imune às vãs tentativas de sobrepujá-lo, o ser amado é a personificação da primazia de amar.

Ter "lealdade" com "quem nos mata", devoção incondicional no mundo do sentir, embora aprisionados, torturados e machucados, na dimensão da mente.

Apesar de tanta dualidade, como o amor pode "causar" "amizade", que é o "seu favor", "nos corações humanos", "se tão contrário a si é o mesmo Amor?". Nestas últimas linhas, usando uma das mais complexas figuras de linguagem, a sínquise, busca-se uma inversão dos termos da frase para criar o efeito de complexidade, algo que não se poderia compreender, ainda que os componentes estivessem, claramente, organizados. Há, por ventura, resposta para tal pergunta?

O amor se revela na simplicidade. Era claro para Cláudia, bastava um sorriso, um toque de mão, e tudo na vida se tornava perfeito. Bastava presença. Olhe seu corpo perfeito, de onde pode vir tanta dor? Há, na medicina, remédio para esta ferida? Algum derivado de morfina que age, diretamente, no coração? Sinta o poder da droga do corpo, correntes de lavas no lugar de sangue. Já sentiu isso? Fogo que arde sem se ver? Alguém aí pode emprestar sua fisiologia para dar sentido à obra do poeta?

Falar de amor, não importando o tempo, faz com que nos deparemos com frases dicotômicas, verbos que se neutralizam, adjetivos antagônicos, sentidos metafóricos e um tanto de coisas incoerentes. O dualismo do amor é, facilmente, observado nas obras, na arte, na filosofia e em nós mesmos, através do tempo. Coisas malucas fazem total sentido, quando conhecemos o amor.

Existe o legado de Platão, que preconiza o amor puro, essencial, o amor que valoriza a alma do ser amado, suas virtudes. Opunha-se ao amor carnal, preso no deleite do desejo sexual, da entrega e do vício na droga do corpo. Dois mundos, novamente. Considerava-se, nos tempos de Sócrates e Platão, o amor físico uma mentira, uma coisa efêmera e sem valor. Esse conceito perpetuou-se na Igreja, enquanto instituição formadora de opiniões e crenças, instalando-se o conceito do pecado e da luxúria.

 Toda a manifestação sobre amor encontra estes polos, tudo parece ter "dois lados da moeda", no entanto, o amor não é dualístico. A lua é sempre inteira, ainda que a sombra da Terra esconda parte de sua verdade, eventualmente.

 É por isso que existe a perda. A vida precisa nos mostrar, às vezes, por meios difíceis, o que é real e o que é ilusão. A vida nos salva da mentira. Faz isso de várias maneiras, envelhece o belo corpo, outrora atraente e capaz de despertar químicas poderosas. Desfaz o viço da tez, manifestando, com o tempo, as marcas da velhice. Desliga a potência das glândulas, que perdem a receita de fórmulas, perigosamente, deliciosas. Apaga memórias e detalhes, "Quem é você?", diz a mãe com Alzheimer a um filho um belo dia. Detalhes. A vida leva pessoas para longe da gente. Como o Pequeno Príncipe, longe de sua Rosa, temos, invariavelmente, de amar por amar, ver sem enxergar, sentir sem tocar, ouvir sem escutar. Temos de amar aquilo que é real, em quem amamos. Desprovidos das possibilidades carnais, seja por rejeição, doença, desafeto ou morte, resta apenas o amor.

 Amor que pode assumir múltiplos aspectos, pode ser temperado de maneiras variadas. Com pouco mais de tempero, há o desejo de tomar para si um amor tão imenso, que precisa "sentir por dentro" o ser amado. Com menos tempero, define-se a faceta da amizade, imortal e verdadeira. Com outros tipos de tempero, há um amor fraterno, paterno, materno.

 No entanto, "tão contrário a si, é o mesmo amor".

 Citando as palavras de um grande autor, Ekhart Tolle, "o amor não está do lado de fora, está bem lá dentro de nós. Não temos como perdê-lo, e ele não consegue nos deixar. Não depende de outro corpo, de nenhuma forma externa." O amor é a existência da vida dentro de nós, a mesma vida que pulsa em todos os seres humanos, em tudo o que há. O amor deseja se revelar, em sua única forma de existir, na unidade de todos os seres. Não permite enganos, não perece na escuridão da mentira. Conecta a vida de todos os seres, como por fios de luz, em uma união eterna.

A PORTA SECRETA DO AMOR

Camões traduziu essa ideia com suas palavras líricas:

"Transforma-se o amador na cousa amada
Por virtude do muito imaginar;
Não tenho, logo, mais que desejar,
Pois em mim tenho a parte desejada.

Se nela está minha alma transformada,
Que mais deseja o corpo alcançar?
Em si somente pode descansar,
Pois com ele tal alma está ligada.
Mas esta linda e pura Semidea
Que como o acidente em seu sujeito,
Assi com a alma minha se conforma;

Está no pensamento como ideia;
E o vivo, o puro amor de que sou feito,
Como a matéria simples busca a forma."

"Em mim, tenho a parte desejada.", "Se nela está minha alma transformada, que mais deseja o corpo alcançar? Em mim, tenho a parte desejada, que transformou minha alma. Em mim. Sou feito de amor puro. Almas ligadas por algo vivo, como a matéria simples busca a forma. Não precisamos da mentira, a parte que perece e morre, quando encontramos a verdade do mundo invisível, infinito e pleno.

A morte não existe.

Disse o Pequeno Príncipe a seu amigo da Terra, na fábula de Saint-Exupéry:

"- Hoje volto para casa. É bem mais longe... bem mais difícil..."

"- Meu caro, eu quero ainda escutar o teu riso..." – disse o amigo cativado, ao que o menino respondeu:

"- O que é importante não se vê... É como uma flor. Se tu amas uma flor que se acha numa estrela, é bom, de noite, olhar o céu. (...) Esta noite... por favor... não venhas. Eu parecerei estar sofrendo... parecerei estar morrendo. É assim. Eu parecerei estar morto, e isso não será verdade... Tu compreendes. É muito longe.

> Eu não posso carregar este corpo. É muito pesado. Mas será como uma velha concha abandonada. Não tem nada de triste numa velha concha..." p. 86.

São fábulas, histórias infantis. Como poderia ser diferente, em um mundo onde a física newtoniana define as leis, onde a ciência tradicional, com sua abordagem mecanicista, rejeita conceitos que não consegue provar, um mundo que pouco avançou desde o tempo em que incendiavam seres humanos que apareciam com teorias malucas, que colocavam o sol como o centro de uma galáxia, na qual a Terra era mais um astro. Neste mundo, falar que a morte não existe é uma sentença de decapitação.

Matéria, feita por átomos, prótons, elétrons, nêutrons e muito, muito espaço VAZIO. No entanto, somos levados a acreditar que o que não for perceptível aos cinco sentidos não é real, como afirmam os pesquisadores ARNTZ, CHASSE e VICENTE (2005). Em suas palavras, no livro Quem Somos Nós, "cada átomo consiste quase totalmente em 'espaço vazio', de modo que é uma espécie de milagre não cairmos no chão cada vez que nos sentamos em uma cadeira" (pág. 36). O que preenche esse vazio é energia. Há muito mais energia nestes espaços vazios do que em qualquer matéria sólida existente no mundo. O que a ciência tradicional tem apresentado resistência a aceitar, ao longo dos séculos, é que existe algo, certamente, mais "real" no que não vemos do que no que vemos. As coisas que nossa limitação sensorial elege como realidade são a verdadeira ilusão. A vida tem um jeito peculiar de nos mostrar isso, dando a todas estas coisas uma condição efêmera, mutável, dependente do tempo, do espaço. São coisas que perecem e morrem, deixando apenas a verdade.

O homem, com sua ciência avançada e seu comportamento questionador, está ainda muito distante de compreender os mistérios do invisível. O maior deles, entretanto, está à disposição o tempo todo, em todas as fases da vida, distante de nós apenas pela capacidade que temos de nos entregar ao sentir. Este é o AMOR.

"O essencial é invisível aos olhos".

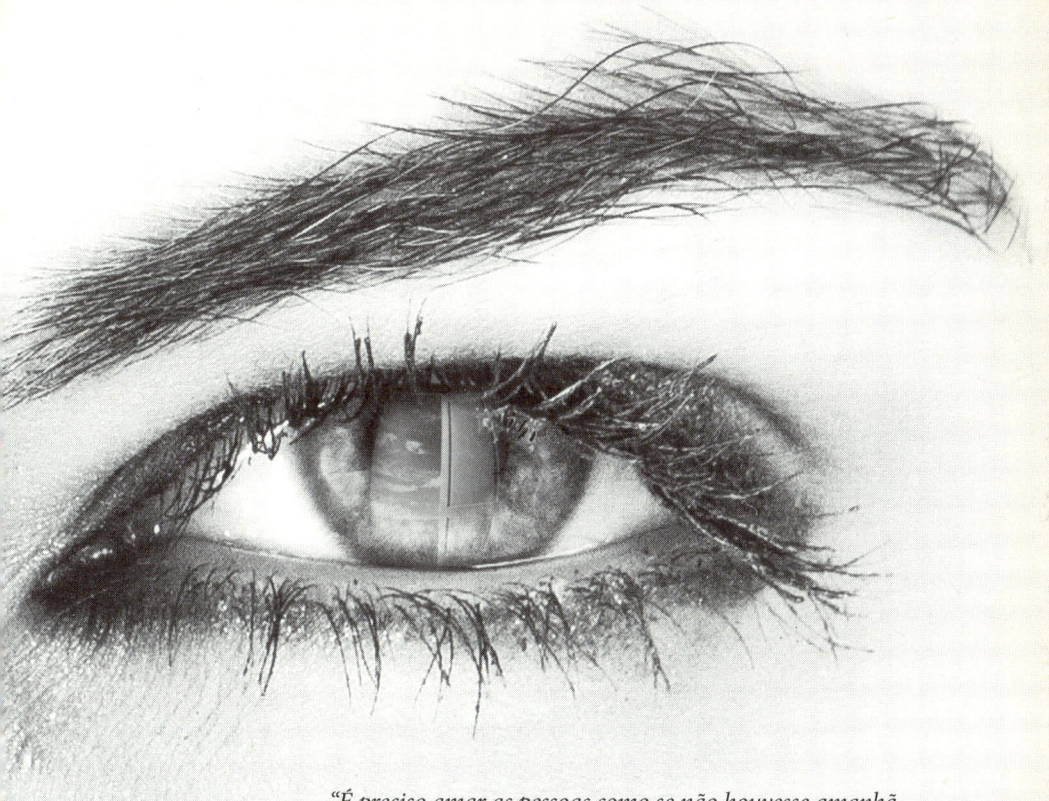

"É preciso amar as pessoas como se não houvesse amanhã, porque se você parar pra pensar, na verdade não há!"
(Pais e Filhos - Dado Villa-Lobos, Renato Russo, Marcelo Bonfá)

De volta à nossa história, devo acrescentar que Cláudia nada sabia sobre filosofias dualísticas de amor dos tempos da Grécia antiga, nem era profunda conhecedora da obra lírica de Camões, não leu O Pequeno Príncipe, e não conhecia absolutamente nada sobre teorias quânticas. Para ela, morte era morte. Morte era ausência, morte era a privação completa de sentidos.

Nas profundezas de sua dor, foi percebendo que seu amor por ele era mesmo inviolável, parecia não se importar com o fato de que ela tinha uma vida que, bem ou mal, seguiria viagem.

Falando de mortos, Cláudia estava com saudade de Alice. Ela estava consciente de todo o ocorrido, e lamentava o infortúnio de ambos. No entanto, a morte já não era assustadora para Alice. A dor de Cláudia não poderia ser, sob hipótese alguma, maior que a dela, em seu conceito.

- Cláudia, isso não é o fim do mundo! Você não vai morrer por isso! – disse à amiga, cansada de ver a sombra fúnebre em seu olhar.

- Há várias maneiras de morrer, Alice. E a pior delas, está acontecendo comigo.

Falava de morrer quando se está vivo, quando o sol nasce e

se põe sobre nossa indiferença. Um dia cinza e chuvoso chega a ser confortável, cortês. Um claro céu azul é ofensivo, não ilumina a lente escura das mentes cegas e corações partidos. Neste caso, ambas estavam morrendo em vida, entorpecidas por drogas amargas a viciar suas células, paradoxalmente, em nome do amor. Sofrimento por escolha. Ambas podiam vestir o personagem shakespeariano de Macbeth, "molhando seus lábios no cálice de seu próprio veneno." Tão perto da luz, perdendo-se em escuridão.

Pouco tempo depois, Alice telefonou para Cláudia, a vida não aceita desaforos. A morte que começou em sua alma tardou para atingir seu corpo, mas não falhou. Alice estava com câncer. O seio que não perdoou o aborto do filho desenvolveu células da morte, em lugar do leite materno.

Alice sentiu um pequeno cisto no seio, mostrou a sua médica durante a consulta de rotina.

- Fique tranquila, Alice. Não vai ser nada, mas vou pedir um ultrassom – disse a médica.

- Não seria melhor uma mamografia, doutora? – questionando, gentilmente, a conduta da especialista.

- Na sua idade, não é indicado. Um ultrassom será o bastante para que fique mais sossegada.

Exame feito, entregue.

- Mamas densas, o que é normal para a idade, sem nenhuma complicação.

Dois anos depois, durante o exame das mamas no consultório da médica, Alice viu seu rosto empalidecer, repentinamente. Olhou para baixo e viu uma secreção com sangue sair de seu mamilo. A médica solicitou uma mamografia. Alice já sabia.

- Não deve ser nada, fique tranquila, Alice – repetiu a médica.

O exame foi encaminhado à médica pelo laboratório, mas Alice solicitou uma segunda via para entregar, imediatamente, a um especialista. Passou em consulta com ele, antes de retornar à sua médica. O diagnóstico foi claro, ela tinha de se apressar, pois o câncer fora descoberto tardiamente.

A cirurgia deveria ser agressiva, retirando, por completo, a mama e seu conteúdo, além de parte da musculatura. Enquanto agendava exames pré-operatórios, recebeu um telefonema da secretária de sua médica:

- Oi, Alice, é Priscila, secretária da doutora Lilian. Tudo bem? Olha, estou ligando a pedido dela, porque você deve estar apreensiva. A doutora já viu seu exame, pode ficar tranquila, não deu nada de ruim, não. Está liberada!

- Obrigada. Que horário ela pode me receber hoje?

- Ah... a agenda dela está lotada. Você gostaria de marcar uma consulta?

- Não, eu só queria dar uma palavrinha rápida com ela, pode ser entre uma paciente e outra, eu espero. Vou passar por aí hoje à tarde.

- Tudo bem então, vou avisá-la. Um abraço!

Alice pegou seu exame, o laudo do médico especialista e parte dos exames pré-operatórios. Tudo perfeito, um câncer evidente conduzindo uma jovem moça ao fim.

Alice entrou na sala de espera, com fogo nos olhos, mas não sentia ódio da médica. Sentia-se em uma missão. Quando a médica a chamou, entrou no consultório sorrindo, o álibi sorriso que aprendera a mascarar dores profundas. Colocou a pilha de envelopes abertos sobre sua mesa, olhou-a nos olhos.

- Estou com câncer há mais de dois anos. Corro sério risco de morte. Minha situação está muito pior por não ter sido diagnosticada antes. Estou aqui para te fazer um pedido, nunca mais faça isso com ninguém! Sempre que sentir um nódulo, qualquer coisa estranha em alguém, peça uma mamografia. Essa doença não escolhe idade. Você está me entendendo? Nunca mais, nunca mais faça isso com ninguém! Você está me entendendo?

Alice se retirou do consultório, deixando a médica em prantos. Desejava que aquele choro pudesse gerar consciência, que servisse para alguma coisa boa.

No fundo, ela sabia que tinha criado isso para si mesma, de alguma forma. Não desejava morrer, mas tinha um sentimento de autodestruição. Não merecia ser feliz, não merecia ser mãe, não merecia viver. No fundo, quem sabe, não merecia os seios que Deus lhe deu para alimentar seus frutos.

Enfrentar a doença, quando ela chega, no entanto, é muito diferente. Ela pensou em sua família, sentindo o desespero de seus pais, especialmente de sua mãe. Como ela ficaria sem Alice? Tinha mais medo do sofrimento da mãe do que de morrer. Morreria resignada, mas sabia que um tipo muito pior de morte estava à espreita da mãe, caso ela morresse. Estava vivendo esta morte, há alguns anos.

O amor por sua mãe, no final das contas, fez com que decidisse lutar pela vida. Passou pela cirurgia, que amputou, completamente, sua mama direita. Uma cicatriz dilacerada com aspecto côncavo tomou o lugar de um seio que deixaria saudade. O médico introduziu um expansor, para que o organismo criasse pele com o tempo, permitindo a colocação de uma prótese.

Sessões de químio e radioterapia assumiram prioridade na agenda. Gosto de queimado, cheiro de queimado, uma pele queimada por dentro e por fora, consequências da radioterapia. Alice se sentia queimada por dentro. "Fogo que arde sem se ver". Sem cabelo, sem um seio, sentia que pouco lhe restara para que se lembrasse de que era uma mulher. No entanto, teve o amor de todos ao seu redor.

Chegou um momento em que seu organismo estava debilitado demais, a falta de ar era desesperadora, com a imunidade baixa, entrou água em seus pulmões. Sentiu que tinha apenas alguns instantes de vida. Do fundo de seu coração, conseguiu forças para se arrastar até o carro, dirigiu, nem soube como, para a casa da mãe. "Quero morrer no colo dela", pensou. Chegando lá, sua mãe a levou, correndo, ao pronto-socorro, onde foi internada na UTI. Era o fim.

Alice se deitou na cama hospitalar, sem ninguém por perto que lhe tivesse qualquer sentimento. Médicos e enfermeiros cumprindo suas rotinas de trabalho.

Fechando os olhos, chegou à dura conclusão de que não vivera. Passou a maior parte do tempo estudando e trabalhando sem seguir nenhum propósito de vida, relacionando-se com pessoas com uma certa superficialidade, incluindo entes amados de sua família. Entregou-se pouco, doou-se quase nada. Pequenos detalhes em branco, de uma vida sem sentido, faziam-lhe falta. "O que levamos da vida é o amor". "Meu Deus, como eu gostaria de poder ficar", pedia, despida de ilusões.

Não queria ficar para ter a chance de comprar o carro de seus sonhos, ou para ver pronta a casa de campo que teria, um dia, tampouco para conhecer os lugares do mundo que não conhecia. Ela pedia mais TEMPO aqui, para poder AMAR mais as pessoas que amava. Suas diferenças com sua mãe não faziam mais sentido, suas inimizades não eram importantes, os problemas que lhe afligiam a mente tornaram-se imperceptíveis. Tudo aquilo que ela considerava "real" desapareceu. A perspectiva da morte fez a verdade surgir em seu coração, traduzida numa só lágrima, que ninguém testemunhou. A verdade, a essência, a presença, o agora, o AMOR, apresentavam-se como anjos da guarda, dispostos a acompanhá-la, onde quer que ela fosse. Essa verdade pulsava, mais viva do que nunca, trazendo-lhe ânsia de viver para poder dividir com outros os seus segredos. Seus olhos se fecharam.

- Deus sabe de todas as coisas, isso que aconteceu não foi por acaso. Com certeza, vai trazer aprendizagem e novas escolhas daqui para a frente – disse o médico de Alice, assim que teve oportunidade. – Agora, procure descansar.

Alice conseguiu reverter o quadro terminal, voltou a respirar sozinha, teve a pressão normalizada, restabeleceu-se. Um milagre, segundo o médico. Apesar da fraqueza que mal permitia comunicação, ela estava feliz. O fim do caminho parecia ter tido uma extensão repentina, uma nova oportunidade de VIVER.

Meses depois, ela estava curada. Passaria a fazer um rigoroso acompanhamento de exames preventivos, teria restrições pelos próximos cinco anos, mas estava curada. Cláudia sentiu o alívio de gratidão a Deus, temia viver um novo luto importante em sua vida.

De posse de um novo conceito de morte, Cláudia e Alice começaram a construir uma nova vida, deixando que o passado morresse, permitiram-se aproximar do que é real. Tudo o que conheciam se transformou, de repente, a partir do momento em que removeram os óculos escuros do rosto. Tudo passou a ser cons-

A PORTA SECRETA DO AMOR

truído sobre as lápides de seres enterrados no mundo que ficou para trás, graças à pequena contribuição de tragédias pessoais.

> Ekhart Tolle, em um dos meus livros favoritos, O Poder do Agora, cita que "uma situação-limite surge quando uma infelicidade, uma mudança drástica, uma perda ou sofrimento profundo despedaça todo o mundo da pessoa, tornando-o sem sentido. A mente, criadora desse mundo, entra em colapso. Das cinzas desse velho mundo, um novo mundo pode, então, passar a existir." (pág.212).

Ainda assim, não houve um só dia em que a SAUDADE não desse seu beijo de boa-noite. Era uma presença ausente, uma ausência presente. Paradoxalmente, tanto faz se do avesso ou do direito, sem explicação. O Amor era uma vibração real, concreta, que se abrigava clandestinamente no coração, na mente, no olhar. Estava disposto a associar-se a qualquer lembrança furtiva, uma música, um lugar, uma história, um filme, um nome e, nesse momento, mostrar-se vivo. Não era sensível ao passar do tempo, nem à ideia de fim. Não poderia amarelar-se como as páginas das cartas amontoadas em uma pasta secreta, ou ser destruído como as imagens do ultrassom. Não envelheceria, nem precisaria de vitaminas e cremes rejuvenescedores. O amor era, antes, mais um infinito entre os infinitos. Conviver com a saudade era um desafio, reconstruir a vida onde jaz um ser imortal.

Fios de luz invisíveis, tais como um cordão umbilical, conectam o amor ao ser amado. São estes fios de luz que chamamos, sem saber, de SAUDADE.

"Me perdi no que era real e no que eu inventei. (...) Nem a maldade do tempo consegue me afastar de você"
(A Noite - Giuseppi Anastasi)

CRISTIANE PEIXOTO

A doença de Alice abalou todos os seus amigos e familiares. Tão logo estava recuperada, Quinho organizou uma festa para reunir os saudosos colegas da escola, para que pudessem confraternizar e homenagear Alice. Ele conseguiu reunir o e-mail de todos os amigos e encaminhou a mensagem coletiva, marcando local, data e horário, de forma eficiente. Um sábado inteiro em um sítio próximo, com churrasco e música, do jeito que a turma gosta!

Todos ficaram motivados! Respostas endereçadas ao grupo começaram a lotar as caixas de mensagens. A maioria confirmou, entre brincadeiras nostálgicas, apelidos inesquecíveis e gozações.

Cláudia também havia sido convidada, como melhor amiga de Alice, não poderia ficar de fora. Embora não fosse tão enturmada, a ponto de ficar respondendo aos e-mails, fez questão de acompanhá-los. Foi ler os endereços eletrônicos, uma longa lista. Uma das respostas fez o coração de Cláudia disparar. A mensagem dizia:

"Muito legal essa iniciativa! Essa festa vai ser demais!"

À medida que lia, ouvia a voz do remetente. À medida que ouvia sua voz, sentia seu cheiro. À medida que sentia seu cheiro, seus pelos se eriçavam. Embora a mensagem não tivesse assinatura, e o endereço eletrônico fosse irreconhecível, sem nomes, iniciais ou qualquer pista que levasse ao seu dono, ela sabia de quem se tratava, Pedro. De repente, ele retornou do mundo dos mortos, para onde Cláudia o exilara para sempre, intencionalmente.

O sofrimento causado pelo sumiço de Pedro, a espera diária por algum contato, que nunca ocorreu, o fato de ele ter deletado seu endereço de e-mail e mudado o número do celular, ela sentiu que só poderia seguir com sua vida, se pensasse que ele tinha morrido. Vivenciava um luto, afinal de contas.

Foi mais fácil matar Pedro em sua mente. Foi mais fácil esforçar-se para acreditar que ele havia morrido. Foi uma morte emocional, psicológica, foi uma escolha e uma fuga, uma história de ninar, uma verdade mais bonita do que ter de encarar a dura realidade da rejeição, uma rejeição tão extrema e explícita. A morte era suportável, a rejeição, em um grau tão inexplicável, não. Repetia, incansavelmente, seu mantra, todos os dias, todos os dias... fez isso por tanto tempo que nem pode calcular, até que um dia, ela o sentia assim, bem longe, vivendo em algum outro lugar.

> "Ele está morto. Ele está morto. Ele vive em um mundo diferente do meu, em uma outra dimensão, assim como os mortos. Ele não vai voltar, assim como os mortos. Ele não pode me ajudar, nem me contar a verdade, nem se desculpar, assim como os mortos. Ele é inatingível, assim como os mortos. Nunca mais vou vê-lo, assim como alguém que morreu. Ele se foi, simples assim."

Esta é a pior forma de luto. É alguém que morre para você, por escolha própria, mas continua vivendo para o resto do mundo. É o ápice da rejeição, seja por discórdia, por uma briga, um mal-entendido, um erro, uma lembrança difícil de perdoar, seja por nada, nada que faça sentido, nada que justifique, nada que tenha tamanha relevância, nada. Era o caso dela, que não fez nada para merecer aquilo.

Deu muito trabalho, demorou muito tempo, mas enfim Cláudia conseguira convencer-se da morte de Pedro, aceitou essa versão tão intensa e profundamente, que quando "ouviu sua voz" ao ler seu e-mail teve a reação de alguém que vê um fantasma.

Copiou o endereço e criou uma resposta particular:

"Pedro, meu querido.
Que bom te ouvir! Espero que você esteja bem!
Com amor, Cláudia."
Poucos minutos depois, recebeu uma resposta:
"Clá,
Entre tantos amigos, irmãos, pessoas que conviveram comigo tantos anos, me perguntando 'Quem é?', e você, com tanta certeza... como pode?"
Cláudia elaborou sua resposta, cuidadosamente, tarefa que levou certo tempo. Lembrou-se das coisas que desejava dizer a ele, se tivesse tido a chance. Nunca imaginou que um dia ele estaria fora de seu alcance. Compôs seu pequeno texto, clicou em enviar. Recebeu uma resposta logo em seguida, um tal de *Mail Delivery Subsystem*. Traduzindo a resposta, o endereço de e-mail para o qual a mensagem foi enviada, não existe. Naquele pouco tempo, Pedro excluiu o endereço de e-mail, novamente. Um fugitivo, que tem de deixar seu cativeiro quando descoberto.

Doeu. Por algum motivo alheio ao conhecimento de Cláudia, Pedro desejava estar em outro mundo, a ponto de criar um e-mail fantasma, comunicar-se com o grupo sem que nada pudesse identificá-lo, e destruí-lo logo depois de ela ter feito contato. Na cabeça de Cláudia era confuso, mas só podia ser pessoal. Ele fugia dela. Por quê? Por quê?

Perguntas que não teriam respostas.

Ela imaginou seu e-mail viajando na luz, tal como uma carta de amor à deriva no mar, dentro de uma garrafa. As palavras que desejava tanto que ele tivesse conhecimento talvez pudessem ser lidas por algum tipo de anjo do amor, uma força que pudesse levar seus sentimentos ao coração de Pedro. Um amor tão imenso, puro e invencível, talvez pudesse vencer as barreiras das formalidades digitais. Ele saberá, pensou. Abriu sua mensagem devolvida, saboreou cada palavra, como se pudesse plantá-la em qualquer tempo, em qualquer lugar, nas profundezas de um Pedro sequestrado e amordaçado por uma mente furtiva.

"Dez anos se passaram. Muitas coisas mudaram, praticamente, tudo. Foi um vento muito forte.
Há anos não escrevo, mas nunca deixei de ler o que já escrevi, como obra em um museu, como testemunho de um amor de verdade.
Nunca deixei de lembrar quando uma música toca, quando um

A PORTA SECRETA DO AMOR

filme encontra a essência desse amor. Não deixei de pensar em você um só dia. Mas eu cresci, aprendi, mudei. Parei de tentar explicar o que sinto, por que sinto, ou como posso fazer esse sentimento ir embora. Parei de tentar entender por que eu não quero que ele vá embora. Aceito as coisas como são, aceito o que o vento fez conosco. Sei que tenho de te amar do jeito mais puro, mais essencial. Você está nas minhas preces, nos desejos de minha alma. Hoje, não desejo um beijo seu, sentir o seu cheiro, sua pele, ver seu sorriso, perder-me no seu olhar. Hoje, eu desejo que você cresça, como uma flor pura que precisa da terra, do sol e da chuva, e que perderia a beleza e o perfume em um vaso dentro do meu quarto. Hoje, eu desejo que você seja a melhor versão de si mesmo, que seja o melhor que puder ser, e que seja feliz. Por favor, seja feliz. Encontre outra alma pura, doe-se, saiba receber, ame muito, seja muito amado. Não permita que ninguém manche seu coração. Chore quando precisar, mas nunca se esqueça de que a luz do seu sorriso pode curar feridas mortais, e que ela nunca deve se apagar.

Viva intensamente, nunca deixe de agradecer pela bênção da vida, pela luz do sol, pela delícia de respirar, pelo calor, pelos gostos, pelos cheiros. Siga seu caminho, mas não deixe de sentir o vento.

Nunca deixei de te amar, pois te amar me faz ser mais do que carne e osso, sou imagem e semelhança de Deus, sou eterna, sou humana.

O amor que sinto está em outra dimensão, onde não consigo violá-lo. Tudo mudou ao meu redor, dentro de mim, mas você continua sendo a luz no meu olhar, o brilho no meu sorriso e o calor no meu coração. Até quando o vento quiser."

Ao finalizar a leitura, teve apenas um sentimento: Que estes fios de luz levem a força destas palavras para dentro do que é real. Que ele saiba.

Quanto à festa no sítio, Cláudia não teve coragem de ir, apesar da insistência de Alice.

- Se você quiser falar com ele, fique à vontade, mas não venha me dizer nada! Não quero saber de nada, por favor – disse Cláudia à amiga, antes da festa.

A única coisa que soube é que Pedro também não compareceu, nem deu sinal de vida. Não assumiu nova identidade secreta para bisbilhotar as fotos compartilhadas no grupo de e-mails. Voltou a desaparecer.

Cláudia demorou um tempo para se livrar dos efeitos adrenérgicos do que considerou um "contato imediato de terceiro grau". No entanto, Alice fez questão de exumar o falecido, pois percebeu que deveria haver alguma coisa errada na história, e começou a se incomodar com isso.

- Cláudia, não é possível, deve haver uma razão, alguma coisa que você não se lembra! Vamos, procure pensar!

- Por que você está pensando nisso agora? Alguém falou alguma coisa estranha na festa?

- Não, eu só acho tudo isso sem sentido, e não me conformo que você fique sem saber o que aconteceu! – rebatia Alice.

- Na verdade, tem uma coisa que você não sabe... Eu beijei o Quinho naquela festa do seu irmão, no sítio.

Alice empalideceu. Como um pirata numa caça ao tesouro, parecia ter descoberto a pista elementar.

- Como foi isso? – perguntou, assombrada.

Cláudia começou seu relato. Na verdade, pouco se lembrava. Estavam caminhando pelo sítio, de repente se viu dentro daquele galpão bagunçado, com Quinho voando para cima dela. Do beijo, lembrava-se bem...

- Nunca ninguém me beijou assim. Ninguém beija assim!

Foi então que aconteceu, sua mente fez um tipo de *looping* em uma máquina do tempo, começou a ver flashes de episódios, frases, fatos... em uma sequência reveladora.

Lembrou-se do dia que conheceu Quinho, do jeito que ele a olhava nos ensaios em sua casa, da maneira como dançava perto dela na boate, no aniversário de sua colega. De seu olhar curioso, quando ela disse que tinha algo a dizer, da expressão decepcionada e das dezenas de vezes em que repetiu "merda", ao saber de seus sentimentos por Pedro.

Sua persuasão em convencê-la a desistir de contar a ele, em contradição com a reação de Pedro, feliz, maravilhado, lisonjeado... "A gente precisa conversar! Meu Deus, a gente vai conversar! A gente tem de conversar!". Pela primeira vez, Cláudia lembrou-se daquele dia, da mudança brusca na reação de Pedro, sem olhar pelo ponto de vista de Quinho, sem a preocupação com a amizade deles, e enxergou outra possibilidade. "Cláudia, você não está entendendo! Ele tinha de ter me contado! Ele tinha de ter me contado! Aquele traidor!".

Em seguida, lembrou-se do rosto raivoso, furioso e decidido de Pedro, ao combinar que ela iria para a sala, e que ele a encontraria no final da aula. Colocou-se em seu lugar, com tamanha raiva, poderia ele sentar-se em sua carteira e prestar atenção à aula de física? Especialmente, com Quinho no andar de cima? Meu Deus, ele foi falar com Quinho!

Cláudia teve a certeza cravada em seu coração. Foi o anjo do amor, portanto mensagens voadoras em garrafas ópticas. Ela soube. Conseguiu ver Pedro entrando na classe, pegando Quinho pelo braço esquerdo, arrastando-o para fora. Segurou seus dois braços, colocou-o contra a parede, literalmente. "Por quê, Quinho? Fala por quê? Ela gosta de mim e por que você não me contou? Fala!"

Mas a mensagem foi só até aí. Não conseguiu saber a resposta de Quinho. Apenas usando a coerência, como advogada de sua própria causa, Cláudia soube que, o que quer que ele tenha dito, fez com que Pedro decidisse ir embora, deixá-la esperando em sua sala naquele dia, e deixá-la no conforto sádico de seu abraço amistoso, sem nada lhe dizer, em todos os outros dias.

Logo depois, veio a festa no sítio, a pergunta desdenhosa de Quinho "você ainda gosta do Pedro?", e o beijo mais sedento que alguém já lhe deu. Lembrou-se das tentativas de aproximação de Quinho, dos telefonemas...

Por fim, lembrou-se de Pedro, do amor que fizeram, do choro agarrado ao corpo dela, da luz de seu rosto quando ele a via, do abraço especial no dia da colação de grau, das palavras "amo você", que ele proferiu com tanta dificuldade. Lembrou-se da maneira como foi embora, e se viu sozinha, parada no portão de sua casa, à espera de respostas. Cláudia ainda estava lá, uma parte dela, uma energia parada no tempo, ressonando em cada momento, uma inquietação pela falta de lógica. O que quer que seja que Quinho disse a ele tornou-a proibida.

- Cláudia, Quinho gosta de você! Só pode ser isso! Como não pensei nisso antes, estava na cara! – concluiu Alice.

- Isso explica algumas coisas, mas não tudo, Alice. Não o fato de Pedro ter me negligenciado como fez. Quem poderia ser tão burro a ponto de perder um amor como este, em nome de uma amizade? Ele prefere um amigo a uma mulher como eu ao seu lado? Prefere um amigo a uma vida inteira que poderíamos construir juntos? Uma família, filhos, casa com cachorro?

Neste momento, Cláudia sentiu uma verdade ecoando em seu coração. Aquele era o real sentido, o conjunto completo de motivos, era a melhor versão da história.

*"Estou acordado e todos dormem,
todos dormem, todos dormem."*
(Monte Castelo - Renato Russo)

Versões.

Conceito que impõe a ideia subjetiva de que há pluralidade de interpretações, hipóteses, "lados da moeda". Histórias que podem ser contadas sob múltiplos ângulos, sem que haja convergências entre si. Como saber a versão correta de algo? Como ter ciência da verdade? Como ter certeza de quem tem a razão? São os valores da sociedade que nos fazem condenar os erros e aplaudir os acertos, mas quem faz do erro, um erro, é um ponto de vista, uma versão. Será que de algum ponto de vista um erro poderia ser um acerto?

Quando se fala no universo alheio, isso é ainda pior. Se a própria pessoa teria dificuldades em encontrar respostas para suas versões, imagine o outro. Todos sabemos como o outro deve se comportar, sentir e pensar, mas com frequência perdemos o controle sobre nossos próprios pensamentos, sentimentos, até mesmo comportamentos. Não temos consciência das consequências de aprisionar sentimentos nos calabouços de nossas almas, com o objetivo ingênuo de conseguir proteção. O medo é mal interpretado, é um sinal do universo de que devemos agir, mas em lugar disso fugimos. Desejamos não enfrentar uma situação, como se pudéssemos mudar nosso destino, e mudamos mesmo.

Cláudia se deu conta de que assumira uma versão para si mesma, a morte de Pedro. Se era ou não verdade, não mudava o fato de que ele não fazia mais parte do mundo dela, da vida que seguiria sem ele. Encontrou uma distinção entre fatos e versões, percebeu que nunca poderia mudar os fatos ocorridos, mas poderia mudar a versão a qualquer tempo. Ele não estava ali, isso era fato. Eles não estavam juntos, outro fato. As razões disso? Não sabemos, nunca saberíamos. Então, ela poderia escolher uma versão. Cláudia, escolha bem.

Que versão você daria a esta história?

Quinho poderia ter dito a Pedro que era apaixonado por Cláudia, que a desejava tão intensamente que não seria capaz de continuar sendo amigo dele, caso ficassem juntos. Poderia ter-lhe dito que ele havia saído com ela, que eles tinham encontros sexuais, secretamente.

Pode ser que Quinho e Pedro tivessem um caso de amor, e ele não sabia como disfarçar sua orientação sexual.

Pode ser, simplesmente, que Pedro não gostasse dela, que tivesse dificuldade em lidar com uma amiga que levou a amizade a outro patamar.

Todas estas versões possuíam falhas. Em cada uma delas, havia uma pergunta sem resposta, uma incoerência que prejudicava a aceitação de uma mente de raciocínios, minuciosamente, lógicos. Haveria de ser, ao menos, uma versão verossímil.

Naquela conversa com Alice, Cláudia teve um lapso de compreensão, em segundos; graças à velocidade dos "fios de luz" que a ligavam a Pedro, ela soube o que, talvez, nem mesmo ele soubesse. Pedro olhava para Cláudia e via uma vida inteira, uma família, filhos, casa com cachorro. No entanto, esse era o maior medo de Pedro. Amava seu pai, mas os deveres como o provedor do lar o tornaram ausente, e Pedro não perdoou o fato de que ele não fora um bom marido. Ter família é muito difícil, é responsabilidade demais e as pessoas que mais amamos acabam se ferindo. Esse era o sentimento escondido por trás do silêncio de Pedro, da sua falta de atitude, do seu movimento em direção ao vazio. Pedro amou Cláudia o bastante para querer que ela fosse livre, que ela seguisse seu caminho sem ter de ver nela as marcas de dor, causadas pelas dificuldades da vida a dois. Era a rosa que ele mantinha a salvo, em um planeta distante, para que cada um pudesse seguir sua jornada, em busca do verdadeiro significado da vida. Ela contava esta história a si mesma, antes de dormir, enquanto enviava suas ondas de luz e calor, para alimentá-lo, onde quer que ele estivesse.

Não importava se aquilo era verdade, era apenas uma versão, dentre as inúmeras possíveis e, como qualquer outra era incapaz de mudar os fatos. Pedro estava morto – para ela. Ela tinha, pelo menos, uma versão que lhe fazia bem, que aliviava seu coração, e preferia isso a qualquer outra hipótese que reduzisse a coisa mais linda que vivera, em quase nada.

Por muitas vezes, Cláudia teve vontade de conferir sua versão, de procurar Quinho e fazer-lhe as perguntas que não podia fazer a Pedro, já que ele estava "morto". Seria fácil, esteve ao seu alcance algumas vezes, mas a convicção de que portava em seu coração a melhor versão dentre todas a mantinha longe de conversas perigosas, que poderiam derrubar seu castelo de contos de fadas. Quem se importa com o que Quinho tenha a dizer? – pensava, sabendo que já não faria nenhuma diferença. Sentia-se especial por isso, pois era nítido que muitas pessoas costumavam fazer o oposto: assumiam a pior versão de todas para suas páginas em branco, e as borravam com o nanquim duradouro da falta de amor, do descaso e da rejeição.

A grande resposta, em sua sincera opinião, era aquela que reinava em seu coração desde menina: o medo congelante e paralisador que o amor pode causar, quando alguém tem a capacidade de despertá-lo, nas profundezas desconhecidas da nossa alma. O medo de encarar um mundo novo, com outros tons de cores nunca vistas, onde imperam as leis universais da existência; a incapacidade de coexistir nestes dois mundos, onde a realidade se sobrepõe às ilusões da mente cega, faz as pessoas abandonarem grandes obras, em branco.

Foram necessários anos de evolução, para que Cláudia descobrisse o que desejava encontrar, desde o princípio, algum tipo de "fórmula do amor", uma estratégia mágica que a impedisse de sofrer, e que fosse capaz de, como num estalar de dedos, erradicar o amor não correspondido de sua vida.

Talvez por ter sido capaz de amar tão profundamente, ela tenha sido iluminada com a maior das versões, a conclusão de que o amor é a energia mais poderosa do universo, e que pertence ao SER. O amor próprio é a chave para amar sem medo, é o pré-requisito para amar o outro, e este, sendo amado, não pode retribuir com outra coisa, se não com amor. Esse é o amor divino, que existe em nós, que motiva o trabalhar de cada microscópica partícula, em conjunto com seu campo eletromagnético, formando conscientemente cada célula que compõe cada órgão, que compõe cada sistema, que compõe cada organismo vivo, que se manifesta, materialmente, com o propósito de expressar o amor da criação. Sob a luz desse amor, que está dentro, fora, em torno, acima, abaixo, em todo lugar, não pode haver "amor não correspondido". Amor é a luz do sol que ilumina todos os que estão do mesmo lado do planeta, sem discriminar ninguém. Cada SER é capaz de captar e irradiar essa luz, e quando se faz isso, você ilumina e é iluminado, ao mesmo tempo. É impossível estar imune a essa luz.

Esse movimento de captar e irradiar a luz do amor é a chave para encontrar a beleza interior, a energia que transforma a matéria e a faz resplandecer aos olhos do mundo, a cura para a falta de amor próprio e para o autoconceito deturpado pela insensatez.

O amor é uma lei, está dentro de todos nós. Somos iguais no que é real, em nossa essência mais profunda, da constituição de nossos átomos à energia inteligente que rege a orquestra de vida, que nos permite estar AQUI. Apesar disso, a individualidade traz a ilusão de separação, que fortalece o EGO, assim, pouco a pouco, tornamo-nos tão cegos que precisamos de espelhos para nos enxergar. Esses espelhos são os outros,

outros seres que, como nós, carregam em si o DNA do amor infinito, do amor inviolável, do amor de Deus. Os que desenvolvem sensibilidade para enxergar olham o outro e veem a si mesmos. Alguns "espelhos" refletem um esboço do que somos, e temos a certeza de estar diante de alguém especial. Por confusão da mente, atribuímos a esta pessoa o poder de amar, que nos é genuíno, e criamos uma falsa dependência, uma associação equivocada que personifica o poder individual e divino. Por confusão da mente, associamos este amor ao impulso do desejo, enviando às glândulas comandos de produção das drogas entorpecentes da paixão. Medo é o que sentimos quando estamos diante da grandiosidade do que SOMOS, por viver, desde sempre, em um mundo que limita nosso tamanho às coisas que podemos conquistar, doando uma mesquinha parcela de nós mesmos a essa imensidão de possibilidades. O amor passa a ser domínio de alguém alheio, e fazendo isso deixamos de amar a nós mesmos, por não entender que o amor é NOSSO. É impossível que alguém corresponda a esse amor, egoísta, equivocado, que corrompe o princípio básico da lei maior da criação.

Em algum momento, no entanto, surgirá um "espelho", que vai nos refletir com tamanha perfeição, que despertará uma energia inigualável, a melhor versão de nós mesmos. Essa é a oportunidade de transcender a ilusão da matéria, conectando-nos com a realidade do invisível, sendo esse amor a Porta Secreta para a dimensão de onde viemos. O amor é o caminho para casa. O amor é a única coisa que pode vencer a barreira do individual, dando a sensação plena do todo, do qual somos parte.

> Lembrando-nos da passagem de Coríntios (13:9), da Bíblia, "porque, em parte, conhecemos, e em parte profetizamos; mas, quando vier o que é perfeito, então o que é em parte será aniquilado. (...) Porque agora vemos por espelho em enigma, mas então veremos face a face: agora conheço em parte, mas então conhecerei como também sou conhecido."

A PORTA SECRETA DO AMOR

O espelho perfeito te dará a percepção do todo que você é, face a face, aniquilando a ilusão da parte.

"... conhecerei como também sou conhecido", a reciprocidade é inerente ao amor, e é impossível que esse amor não seja correspondido.

Cláudia descobriu que não sentia a falta de Pedro, sentia a falta dela mesma quando estava com ele, não conseguia encontrar o caminho para sua melhor versão, quando estava longe dele. Ele era sua maior pista, era o mapa do tesouro, desejava sentir a plenitude mais uma vez, e mais uma vez, para tentar encontrar a chave, o clique, o lugar depois da estrela em que ela podia SER QUEM ERA.

Sentiu tamanha saudade de si mesma, que encontrou a fonte de luz dentro do seu perdão, da sua aceitação, da sua entrega, da libertação do medo e da consciência de que o maior tesouro existe em cada um de nós, cintilando um amor universal que tem sede de despertar. O amor que ela sentia por ele, e que sabia que sempre sentiria, estava dentro dela, à disposição de todos os seres, desde que ela pudesse evoluir sua sensibilidade para amar a diferença, o equívoco, a limitação e a cegueira temporária do outro, que lhe reflete a alma dentro do que lhe é possível.

Voltara da Terra do Nunca, para viver o mundo de infinitas possibilidades, que sempre poderiam se revelar em sua existência. Este foi seu final feliz. Essa é a graça dos romances, parece-me que é disso que gostamos, dos finais felizes, contrastando com as coisas que acontecem naquilo que chamamos de "vida real".

Na vida real, teríamos uma mulher amarga, que aprendeu, desde cedo, a defender seu coração das pessoas. Teria alimentado versões duras, cruéis, nas quais não cabem boas intenções por trás de mal feitos. Teria reduzido sua capacidade de amar a tal ponto, que acumularia um lixo emocional, buscaria compartilhá-lo com os outros, desejando que alguém iluminasse sua escuridão. Seu lixo produziria uma vibração de energia baixa que, através da Lei da Atração, encontraria seus pares, tão enclausurados e escuros quanto ela, dispostos a doarem seus vazios em troca de ilusão.

Essas experiências desastrosas alimentariam suas crenças, garantiriam a lógica a cérebros famintos por razão, e dessas certezas novas situações frustrantes seriam vividas no submundo do amor incompreendido. O indivíduo, tal como lhe parece, individual, excluído, solitário, separado, longe de casa, considera-se maduro, experiente, certo de que o amor é história de ninar para crianças.

O ciclo de sofrimento predispõe ao ódio, até que um dia, convence-se de que o amor é perigoso, mesquinho, egoísta e acaba sempre em dor. Esse é o amor no nível dos humanos confusos, descrentes da magnitude da Força, é um pobre sentimento que vive a faceta do tempo, onde é subjugado às leis dualísticas que regem o mundo visível, aquele que perece e morre. Tem prazo de validade e infinitas condições para que exista. É a moeda de troca, que além de dois lados, possui pesos e valores diferentes.

Esse tal "amor" é a fonte de todo engano, é a cegueira da humanidade. Encontra-se no comportamento desesperado de mulheres que se pintam e se produzem, na busca de provocar olhares e interesses, acreditando que o desejo por sua carne possa ser a porta de entrada (literalmente) para seu mundo interior, tão vazio quanto seu coração inquieto. Encontra-se no desapego de homens que se limitam a "matar a fome" com as carnes disponíveis, buscando variar o prato, para não causarem dependências mútuas. Encontra-se nas relações baseadas em troca: companhia ou estado civil por condições financeiras, família de aparências ou segurança. Encontra-se nos relacionamentos possessivos, onde um joga no outro a responsabilidade pela sua felicidade, e manifesta seu desejo de possuir, por não ter nenhum conhecimento sobre a necessidade de SER.

De lacuna em lacuna, produzimos versões inimigas, autodestrutivas, escolhemos as piores respostas para as perguntas que ficaram em branco. Pintamos um quadro negro sobre a alva tela da dúvida.

Há Lauras que nunca amarão novamente, Alices que nunca encontrarão o perdão e a paz, Paulas que nunca terão amigos verdadeiros, JCs que nunca serão confiantes de si mesmos, Pedros que nunca terão relacionamentos profundos, Cláudias dispos-

A PORTA SECRETA DO AMOR

tas a machucar os outros, por não acreditarem nos sentimentos alheios. Ou, quem sabe, a vida real seja mais surpreendente que a ficção, produzida apenas na imaginação de uma mente limitada, diante do universo dentro, fora, em torno, acima, abaixo de nós.

Talvez cada história precise de bons e maus finais, para que, enfim, compreenda-se o AMOR. Quem sabe, cada vazio possa encontrar o caminho da Força, preencher de luz o espaço minúsculo a que se reduziu o coração, e descobrir a verdade secreta por traz do sofrimento, a porta, a Pedra Filosofal, o elixir da "longa vida", a única forma de ser imortal, de sair da esfera do tempo, da matéria, pela força invisível e eterna do amor.

O amor transforma o comum no extraordinário, como deveria ser nosso mundo. Quanto mais pessoas encontrarem esse tesouro, mais forte será a conexão entre os iguais, contribuindo para o despertar dos que ainda permanecem camuflados. Quanto mais amamos, mais forte é nossa capacidade de amar. As histórias que vivemos servem para aprimorar essa capacidade, desde o primeiro amor, amadurecendo, pouco a pouco, a capacidade de amar.

No entanto, a maioria vivencia o movimento contrário, enclausurando seu coração, reduzindo sua capacidade inata de amar a um impulso narcisista de autoafirmação. Chega-se à conclusão de que não é possível amar novamente, como se amou no passado, na flor da idade, em uma juventude inocente e despreparada. Chega-se ao ponto de se decidir não ter um segundo filho, por não ter a certeza de ser capaz de amá-lo da mesma forma que o primeiro. O amor vira moeda de troca, elemento escasso em uma natureza ingrata.

Acordem, garotas e garotos perdidos na Terra do Nunca! É tempo de AMAR!

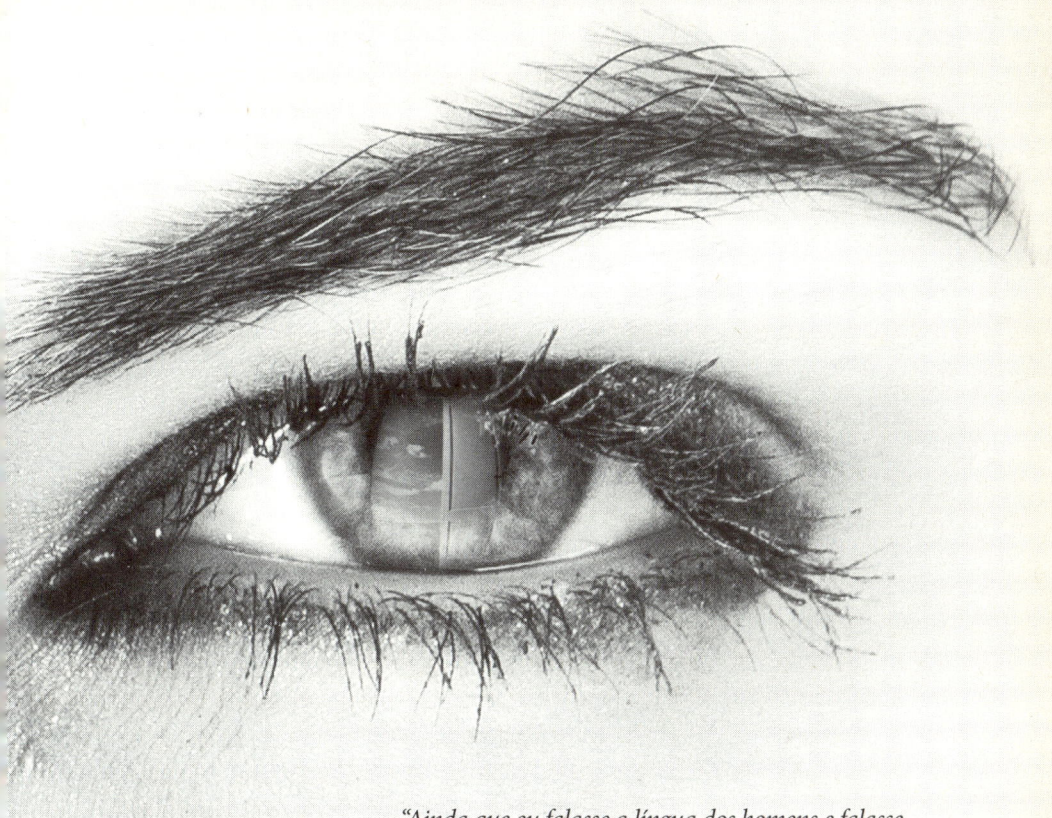

"Ainda que eu falasse a língua dos homens e falasse a língua dos anjos, sem amor eu nada seria"
(Coríntios, 13:1)

CRISTIANE PEIXOTO

Adorei a jornada! Agradeço a companhia até aqui. Foi uma experiência incrível colocar-me no papel de autora, e fazer surgir a ilustração dos conceitos que gostaria de abordar. Agradeço, especialmente, aos personagens que foram criados para permitir essa ilustração, trazendo exemplos concretos para a complexidade de teorias abstratas, que seriam complicadas e chatas de serem explanadas. Isso é uma coisa importante quando se tem cinco sentidos limitados e um cérebro que usa dez por cento da capacidade, precisamos de parábolas, fábulas, contos, histórias de amor!

Na vida "real" não é diferente. Nessa trajetória, cada um é autor de sua própria ficção. Precisamos de personagens, histórias e detalhes para compreender a verdade, a razão da existência e, por fim, evoluir. A vida é essa coleção de personagens, papéis e versões, que produzem fatos, que produzem oportunidades de crescimento. Uma evolução na consciência que somente ocorre quando paramos de fazer as perguntas erradas: Por que isso? Por que aquilo?... e passamos a fazer as perguntas certas:

Como posso fazer para ampliar minha capacidade de amar?

Qual o caminho para amar a todas as criaturas, como amo esta pessoa? Como posso doar mais amor, doar mais de mim ao mundo?- Como posso encontrar o caminho do perdão? Como posso aproveitar essa situação para melhorar minha conexão com Deus?

A PORTA SECRETA DO AMOR

Como posso evoluir minha consciência, a ponto de não me deixar levar pelas ilusões do mundo?

Há tantas perguntas certas, cujas respostas ecoam o tempo todo, buscando questionadores que descubram como usar a poderosa energia de SER, para que se revelem. Há uma energia cósmica que nos convida a olhar além, a sair do poço escuro da ilusão, no qual nos confinamos por escolha inconsciente. Vazio é o que resta quando o amor está ausente, ainda assim não é seu oposto, é um estado temporário de cegueira, já que o amor está dentro, fora, acima, abaixo, em todo lugar, o tempo todo, esperando ser reconhecido.

Viver assim é viver uma ficção, nada que se viva sem amor pode ser real. Sem amor, fantasia é tudo o que resta, criação da imaginação, versões infinitas que jamais são postas à prova. Todas as nossas histórias são ficção. Realidade é privilégio do sentimento profundo de amor que sempre estará imune a detalhes, como vivo, morto, perto, longe. Detalhes sem importância, como "foram felizes para sempre" ou "nunca mais se viram". O amor resiste à doença que apaga as memórias que definem nomes e personagens, que passam a ter o direito de se misturar em cérebros criadores de mais ficção. O amor resiste à perda da lembrança de onde viemos, de quem somos, do que somos, do que estamos fazendo AQUI.

Tanto faz.

Como notas finais, caso alguma coisa não tenha ficado clara no desfecho da história, desejo registrar meus sinceros sentimentos de compreensão, se o final entre nossos protagonistas não tenha sido o mais esperado. Mas, como qualquer ficção, você pode criar outro final, já que há infinitas versões disponíveis e nenhuma delas importa, como atestou tão divinamente Machado de Assis com sua Capitu.

Poderíamos imaginar, por exemplo, que em algum momento da linha do tempo de vida deles, por causa da ação dos fios de luz, seus caminhos se cruzassem, coincidentemente, sem explicação, e eles tivessem uma conversa reveladora. Neste momento, quem sabe, embarcaremos em uma nova aventura (cheia de detalhes que também não importarão), para que a vida nos conduza ao mundo real, através da Porta Secreta do Amor.

"Eu sei que vou sofrer a eterna desventura de viver a espera de viver ao lado seu por toda minha vida"